LA FACE CACHÉE DES JO

www.editions-jclattes.fr

Sébastien Chesbeuf
Jean-François Laville
Thierry Vildary

LA FACE CACHÉE DES JO

JC Lattès

Maquette de couverture : © Loïc Vincent

ISBN : 978-2-7096-7440-9

Première édition : juin 2024.

À Magali, Raphaël et Ambre,
mes repères, ma terre à jamais.

Sébastien Chesbeuf

À Agnès, première lectrice,
premier soutien.

Thierry Vildary

« Made for Sharing[1]*. »*

Paris 2024.

« Mais vous êtes fous ? Oh oui ! »

Benny B, 1990.

1. Fait pour partager.

Chapitre 1

La cérémonie d'ouverture impossible ?

« Je ne prendrai pas part au vote. » Guy Drut vient de jeter un froid. L'audience, stupéfaite, ne s'attendait pas à cette sortie du champion olympique du 110 mètres aux JO de Montréal en 1976 et actuel membre du Comité international olympique. Tony Estanguet, le président du COJOP (Comité d'organisation des Jeux olympiques et paralympiques de Paris 2024), l'assassine du regard.

Nous sommes le 13 décembre 2021, en pleine séance du Conseil d'administration du COJOP, qui doit entériner le lieu choisi pour la cérémonie d'ouverture des JO de Paris 2024 : la Seine.

La cérémonie d'ouverture hors du stade olympique ? Ce serait une première. L'idée est alléchante et surtout très bien vendue : « Alors que toutes les cérémonies des Jeux d'été depuis 1896 se sont déroulées dans un stade olympique, le concept proposé constitue une innovation majeure, capable de marquer l'histoire des Jeux, de Paris, de la France et de façon durable, devant les yeux du monde entier. Résolument projetée vers des espaces accessibles au grand public, la cérémonie serait un événement fondateur de la réussite des Jeux et représenterait un chapitre clé du récit des Jeux de Paris 2024[1]. » Si Tony Estanguet revendique vouloir « casser les codes », cette fois, il les fracasse. En wokiste de l'olympisme, il désacralise le stade. À grand renfort d'images plus magnifiques les unes que les autres, qui couronnent Paris et son fleuve comme le plus beau des décors, un écrin à la mesure de l'événement.

Ces images montrent des bateaux par dizaines, ornés de drapeaux aux couleurs des délégations, descendre la Seine. Entre 600 000 et un million de spectateurs, en fête, sur les ponts parisiens et les berges, acclamant les délégations représentant les 10 500 athlètes venus du monde entier... *Paris est une fête ?* Plutôt une giga party, aux couleurs tricolores. Extraordinaire ! Tout le monde est sous le charme, définitivement conquis. Anne Hidalgo, la maire de Paris, se voit déjà en maîtresse de cérémonie accueillant les 120 chefs d'État étrangers venus pour l'occasion. Ce temps fort des Jeux, cette fête populaire, au cœur de sa ville, retransmis

1. Note du Conseil d'administration du 13 décembre 2021 portant sur la validation du lieu de la cérémonie d'ouverture des Jeux olympiques de Paris 2024, délibération n° 2021-CA-21.

en mondiovision devant plus d'un milliard de téléspectateurs… L'apothéose. La chose semble acquise.

Pourquoi diable a-t-il fallu que Guy Drut vienne casser l'ambiance, ce 13 décembre 2021 ? Pas à cause de l'idée elle-même, qu'il trouve « tout à fait séduisante, voire exceptionnelle[1] », mais plutôt parce qu'il considère que sa mise au vote en Conseil d'administration, sans avoir au préalable répondu aux questions qu'elle soulève, notamment en matière de budget et de sécurité, est « prématurée ». Pour ne pas dire irresponsable. C'est mettre la charrue avant les bœufs en quelque sorte. Guy Drut a simplement lu la note consacrée au sujet dans le dossier envoyé aux administrateurs de Paris 2024, en amont du Conseil.

« À ce stade de l'instruction, ni la projection des coûts ni la définition de potentiels compléments de recettes n'ont pu être établies avec suffisamment de précision pour ajuster la cible budgétaire pertinente : Paris 2024 se fixe donc l'objectif de finaliser le budget des cérémonies… fin 2022[2]. »

1. Courrier de Guy Drut à Thomas Bach, président du Comité international olympique, et au comité exécutif, 25 janvier 2022.

2. Note du Conseil d'administration du 13 décembre 2021, *op. cit.*

En clair, les administrateurs de Paris 2024[1] sont appelés à voter, ce 13 décembre 2021, pour acter définitivement que la cérémonie d'ouverture aura lieu sur la Seine, tout en admettant qu'on ne sait rien, à date, des conséquences budgétaires. Qu'au mieux, ces conséquences seront connues un an plus tard, fin 2022. Étonnant, non ? Visiblement pas. Tous les administrateurs ont voté « POUR », sauf Guy Drut.

À la question budgétaire, il faut ajouter celle de la sécurité. Est-on en capacité d'assurer la sûreté d'un tel événement ? Sécuriser les quais de Seine sur six kilomètres de défilé, pour plusieurs centaines de milliers de spectateurs présents dans un périmètre ouvert et non un stade fermé plus « simple » à maîtriser : qu'en pensent les experts ? Ont-ils été sollicités en amont ?

Le préfet de police de Paris d'alors, Didier Lallement, l'a été, par Guy Drut, encore. Le préfet de police se dit, à l'époque, « assez préoccupé par ce sujet » et « comme il l'avait fait savoir en présence d'Anne Hidalgo » ajoute que « cela lui paraît déraisonnable[2] ». Deux ans plus tard, le journal *L'Express*,

1. La Ville de Paris, le département de Seine-Saint-Denis, la région Île-de-France, le délégué interministériel aux JOP, le Comité national olympique et sportif français, le Comité paralympique et sportif français, la Métropole du Grand Paris, la ministre des Sports, etc.

2. Courrier de Guy Drut à Thomas Bach, *op. cit.*

dans un dossier qu'il consacre aux JO de Paris, le 4 janvier 2024, prête à Didier Lallement des propos plus catégoriques. « Vous êtes tous fous ! » aurait-il dit devant Anne Hidalgo et le COJOP. Aucun démenti n'est venu contredire...

Mais le concept a été bien vendu au président de la République : « La première fois que Tony (Estanguet) m'a présenté l'idée, il y a un an, j'ai trouvé qu'elle était folle et j'ai dit banco[1] », s'enthousiasme Emmanuel Macron. Puisqu'il a donné son accord, l'intendance de l'État doit suivre. Le préfet Lallement est remplacé par Laurent Nunez, moins anguleux dans ses prises de parole.

Pourtant, peu après l'onde de communication positive qui recouvre les médias, un premier pavé brise ce miroir d'eau. Sans crier gare, Alain Bauer détourne le débat de « C dans l'Air » sur France 5, consacré au fiasco de la finale de Ligue des Champions de football 2022 au Stade de France. Le 31 mai en direct, le criminologue, conseiller de nombreuses institutions, met en garde : « Je veux dire, pour l'Histoire et ici ce soir, que la cérémonie d'ouverture des JO de Paris 2024 est une folie criminelle. » Stupeur sur le plateau. Il précise : « Il n'y a

1. Rachel Pretti et Jean-Philippe Leclaire, « Paris 2024 : une cérémonie d'ouverture des JO sur la Seine », *L'Équipe*, 24 juillet 2021.

rien qui, du point de vue de la sécurité et de la sûreté des athlètes, des organisateurs et du public, n'est envisageable sous cette forme-là. »

Chaque mot est pesé. Enseignant dans des universités en France, aux États-Unis et en Chine, Alain Bauer a conseillé plusieurs présidents, Premiers ministres et ministres de l'Intérieur. On sait moins qu'il fait partie d'une petite escouade internationale d'experts en sécurité que consulte le Comité international olympique. Dans une note, il avait d'ailleurs signalé, en amont, le point faible des Jeux d'Atlanta en 1996 : le Parc du Centenaire, le site d'animation. Là justement où, quelques mois plus tard, au début des Jeux, le fanatique chrétien d'extrême droite Éric Rudolph cacha une bombe dans un sac à dos, sous un banc. Bilan : un mort et cent onze blessés. Notons que cet attentat est intervenu dans un contexte terroriste d'extrême droite brûlant aux États-Unis.

Alain Bauer sait donc de quoi il parle. Il ne sera d'ailleurs ni contredit, ni contesté par la suite. Si le sujet ne préoccupe pas encore le grand public, dans les bureaux de tous les services de sécurité de France, on transpire déjà. Depuis le printemps 2023, de nombreux fonctionnaires, haut gradés de la sécurité, planchent sur le casse-tête de la cérémonie d'ouverture. Certains nous le font savoir : ils y travaillent tôt le matin jusqu'à tard le soir, presque chaque jour. Cela ne sera jamais comptabilisé dans le budget d'organisation des Jeux.

Sur quoi planchent-ils ? Après les premières annonces délirantes d'une jauge possible à un million de spectateurs, le chiffre qui fait rapidement référence devient 600 000. 100 000 places payantes (de 90 euros à 2 700 euros) sur les quais bas de la Seine, et 500 000 gratuites sur les quais hauts. Mais aussi une parade des délégations des pays voguant sur plus d'une centaine de bateaux, sur six kilomètres de fleuve entre le pont d'Austerlitz et le pont d'Iéna. Quelques pénichettes de six hôtes super-VIP profitent du spectacle aux premières loges, avec service « palace », pour 25 000 euros la soirée. Jamais une cérémonie d'ouverture des Jeux n'est sortie d'un stade, encore moins pour aller sur l'eau.

Le projet regorge donc de contraintes et de risques. Son inventeur, Thierry Reboul, directeur des cérémonies de Paris 2024, le présente plutôt sous un angle optimiste. Il livre son approche sur le plateau de la manifestation grand public « Demain Le Sport », en septembre 2023. « Quand on réfléchit à un événement comme ça, on part rarement, au départ, de la contrainte. Sinon on ne le fait pas. » Une approche ambitieuse et volontariste qui prend aussi le risque d'être rattrapée par la réalité, ce que Thierry Reboul nomme « la contrainte ». Et que l'on peut traduire par : on annonce et l'État se débrouillera pour assurer derrière.

Ainsi, de décembre 2021 à janvier 2024, Paris 2024 communique sur une cérémonie d'ouverture avec une jauge de 600 000 spectateurs. Le ministre de l'Intérieur, lui, parie plutôt sur 500 000. Pendant ce temps, en février 2023, dans une classe de BTS option Management des métiers de la sécurité d'un des douze établissements agréés de la région parisienne, un professeur donne un travail pratique de groupe à sa quinzaine d'élèves : « Présentez un plan de sécurité, de gestion des flux et d'implantation des spectateurs, ainsi que la jauge possible de la cérémonie d'ouverture des JO Paris 2024. »

Début mars 2023, le fruit du travail des groupes est présenté. Se basant sur les réglementations de sécurité en vigueur, ils ont réfléchi aux déplacements, au contexte politique, à la cybersécurité, etc. Le travail sur la jauge retient notre attention. Sur les six kilomètres du parcours, les rives de la Seine sont divisées en 69 parties, entre les quais bas et les quais hauts. Les étudiants annoncent la nécessité de fermer 17 stations de métro, 7 stations des RER B et C. À chaque tranche, en fonction de sa surface et de sa configuration, est attribué un nombre de spectateurs. Le total des spectateurs auquel ils arrivent est saisissant : 310 000. Pour les étudiants, en fonction des normes communément admises, c'est le nombre maximal de personnes possible, en espérant amortir d'éventuels mouvements de foule entre deux blocs. Cela revient à environ une personne par mètre carré. En trois semaines de travail scolaire, des étudiants arrivent à trouver, à 10 000 personnes près, la jauge que le ministère de l'Intérieur annoncera dix mois plus tard.

En effet, le mercredi 31 janvier 2024 sur France 2, Gérald Darmanin, ministre de l'Intérieur, tranche : « L'idée, c'est qu'il y a 100 000 personnes sur les quais bas et plus de 220 000 personnes sur les quais hauts. » 320 000 en tout. Ce maximum acceptable, validé par la sécurité publique, des étudiants y sont arrivés en quelques séances de travail. La question est donc la suivante : comment Paris 2024 a pu claironner, pendant deux ans, que la cérémonie d'ouverture des Jeux se tiendrait devant 600 000 spectateurs ? Sur la base de quelles études ?

Pendant cette période, avec constance, Tony Estanguet rassure le public. Peu après les attaques du 7 octobre 2023, lors de la 140e session du Comité international olympique, il est catégorique : « On ne va pas changer nos plans en fonction de ce qui arrive en ce moment, parce que, depuis le début, nous sommes au meilleur niveau de sécurité[1]. » Juste trois mois avant que l'Intérieur ne coupe la jauge en deux. Idem quand le président de Paris 2024 affirme,

1. « JO 2024. "Au meilleur niveau de sécurité" : Tony Estanguet confiant pour la cérémonie d'ouverture », *Ouest France*, 17 octobre 2023.

d'innombrables fois, qu'il n'y a « pas de plan B » à la cérémonie d'ouverture sur la Seine. Emmanuel Macron lui scie la branche en reprenant l'expression en direct sur France 5 : « Il y a évidemment des plans B, des plans C, etc.[1] » Il évoque même une solution de repli, « en cas de menace potentielle ». Après cela, que reste-t-il de la crédibilité de la parole du président de la plus grande manifestation jamais organisée en France ?

Pour autant, peut-on dire qu'avec une jauge autour de 300 000 spectateurs, tout est réglé pour le 26 juillet 2024 non pas à 20 h 24 comme prévu initialement mais à 19 h 30 ? Pour comprendre la complexité extrême de la gestion sécuritaire d'un tel événement, il faut se pencher sur trois aspects : l'accès, le flux, la détection. On s'apprête donc à accueillir quatre Stade de France sur les bords de Seine. Un peu d'arithmétique : pour gérer les flux d'entrée et de sortie et réduire les temps d'attente, le Stade de France dispose de 17 portes d'accès. Va-t-on pouvoir en installer au moins 70 sur les berges de la Seine ? Les berges sont elles-mêmes entourées par un périmètre sanctuarisé où il faut prévoir des points d'accès pour le filtrage et la fouille des spectateurs. Au moins une cinquantaine de points d'accès principaux, composés de cinq à dix PIF – les Points Inspection Filtrage qui,

1. « C à vous », France 5, 20 décembre 2023.

loin d'être des gadgets, sont des zones essentielles et sensibles. Ici se joue une grande partie de la sécurité de la manifestation. Ce sont plusieurs centaines de portes où l'on passe du Paris « normal », au Paris neutralisé pour la manifestation. Un énorme dispositif.

Il faut être à la fois rapide à l'inspection et précis pour détecter d'éventuels individus malveillants. De la tête jusqu'aux chevilles, une palpation standard prend en moyenne douze secondes. 320 000 spectateurs à contrôler, sur 50 portes d'accès dotées de 5 points d'inspection chacune, requièrent, en théorie, plus de quatre heures d'inspection, le double en pratique. Si on multiplie par deux les points d'accès, on atteint, en théorie là encore, un peu plus de deux heures d'attente. Concrètement, il faudra compter au moins trois heures de filtrage, à condition que les spectateurs arrivent de manière étalée et programmée sur invitation. Cela semble le minimum, puisqu'on imagine mal que les effets personnels, les sacs à dos par exemple, ne soient pas fouillés avant d'entrer. Le passage sous des portiques à rayons X, comme dans les aéroports, semble difficile, voire impossible à mettre en œuvre, étant donné le temps supplémentaire qu'il occasionnerait, ainsi que les contraintes légales et sanitaires qui interdisent d'installer ces machines en milieu ouvert. Le public est habitué aujourd'hui à entrer et sortir d'un stade en quelques minutes. Pour la cérémonie d'ouverture des Jeux, faudra-t-il convoquer les spectateurs dès 14 heures ou 15 heures le 26 juillet à un spectacle commençant à 19 h 30 ? David Lappartient, membre du CIO et président du Comité national olympique et sportif français, confirme nos calculs dans un courrier envoyé aux fédérations sportives. Comme le souligne *L'Équipe*[1], le mouvement sportif français devrait bénéficier de 10 000 invitations sur les quais hauts de la Seine pour la cérémonie d'ouverture. Le président du CNOSF prévient que les bénéficiaires devront arriver par groupe de quatre « à partir de 14 heures et avant la fermeture des accès à 18 h 30 », soit une heure avant le début du spectacle. Nous voici donc avec des spectateurs « convoqués » jusqu'à 5 h 30 avant le début de la cérémonie, un après-midi en plein été. Pas pour être devant la scène et voir Mick Jagger une fois dans leur vie à moins de dix mètres mais pour… Pour voir quoi, au fait ?

David Lappartient a le mérite d'être franc dans son courrier et informe qu'on ne peut assurer « aucune garantie sur la visibilité possible, mais que des écrans géants jalonneront le parcours pour permettre de suivre le spectacle ». Aucune certitude de voir la Seine de ses yeux donc. En fin politique, David Lappartient se prémunit contre d'éventuelles critiques post-cérémonie. Il apporte même des

1. « "Aucune garantie sur la visibilité possible" depuis les places sur les quais hauts lors de la cérémonie d'ouverture », *L'Équipe*, 26 avril 2024.

précisions bien utiles aux chanceuses et chanceux qui n'auront le droit d'emporter avec eux aucune « bouteille d'eau (des points d'eau [seront] à disposition) », « glacière » ou « chaise pliante ». Voici donc une cérémonie plutôt destinée aux personnes de 15 à 50 ans, sportives, avec une préférence pour les pratiquants d'ultra-trail. Pour que David Lappartient prévienne ses fédérations, c'est qu'il a demandé dans quelles conditions le public serait reçu pour cet événement « populaire », selon les termes de Tony Estanguet.

Il faut donc imaginer 50 portes d'entrées et 500 points de filtrage, couvrant une zone neutralisée d'au moins 500 mètres autour de chaque rive de la Seine. Tout cela sur 6 kilomètres, et environ 7 km^2. Plus d'un tiers de la capitale sera bloqué. Pour comprendre l'ampleur de cette mise en œuvre du 26 juillet, le meilleur ordre de comparaison est Roissy-Charles de Gaulle. En quelques heures, il faut traiter une fois et demie le trafic d'une journée entière à l'aéroport. Un défi, comme on dit chez Paris 2024.

Mais si c'était aussi simple, ce ne serait pas drôle. Paris 2024 cherche des agents de sécurité désespérément. Comme les sociétés privées en manquent déjà en temps normal, elles se refusent à priver leurs clients réguliers du personnel pour le placer sur une manifestation aussi éphémère que les JO. Beaucoup d'appels d'offres dans ce domaine s'avèrent infructueux. L'État tente de prendre le relais. Étudiants, retraités, employés du BTP, jusqu'au personnel administratif du ministère de l'Intérieur, on drague large, en promettant des formations et des accréditations accélérées.

Or, la palpation par exemple, qui paraît un geste basique, nécessite de la technique, de l'expérience et du physique. Enchaîner toutes les quinze secondes une flexion complète, bras tendus, en restant concentré, est rapidement épuisant. Les agents doivent être relevés toutes les vingt minutes, soit toutes les 100 personnes palpées, puis définitivement remplacés après plusieurs rotations. On manque encore plus de bras féminins pour la palpation du public… féminin.

Début 2024, on estimait encore à 7 000 les agents privés de sécurité à recruter pour les Jeux[1], soit le tiers des besoins de Paris 2024. On devra sans doute faire appel à l'armée pour combler les trous les plus stratégiques. « Le meilleur niveau de sécurité », claironne Tony Estanguet… Tous ces chiffres donnent des sueurs froides aux spécialistes de la sécurité publique qui continuent, en privé, de juger le projet de cérémonie d'ouverture « déraisonnable ». Et quand ils se penchent sur les cas concrets de « risques potentiels », les sueurs froides se transforment en bouffées de chaleur.

1. « Emploi. En manque d'agents de sécurité, Paris 2024 appelle les retraités en renfort pour les JO », *Actu.fr*, 3 février 2024.

Un des spécialistes de la sécurité avec qui nous avons échangé, adepte des formules imagées, compare la liste des « risques potentiels » les plus importants au catalogue des « 3 Suisses ». Avec un formateur en métiers de la sécurité, nous avons passé certains aspects de la cérémonie d'ouverture des JO au crible. Nous avons retenu deux cas de figure très différents. Il ne s'agit pas là de verser dans le scénario catastrophe, de jouer sur la peur, ni de donner des plans clés en mains à des apprentis terroristes, mais de regarder la réalité en face. Comme le font des fonctionnaires des services concernés, depuis des mois.

Le premier exemple qu'évoque un formateur en sécurité, ancien pompier de Paris, est surprenant : celui des drones. Le criminologue Alain Bauer l'a déjà soulevé sur France 5, le 31 mai 2022, pour illustrer son alerte. Malgré des systèmes de brouilleurs et d'interception, il doute de la capacité d'empêcher une attaque simultanée de dix ou vingt drones. Le formateur, lui, se fait plus artisanal et pragmatique :

« S'installer chez quelqu'un qui a loué un appartement, depuis un balcon, à quelques centaines de mètres d'un point de palpation du public. Profiter d'un attroupement, d'une file d'attente pour attaquer par drone, même avec une faible charge explosive. Cela fonctionne aussi aux abords des stations de métro et RER à proximité de la zone neutralisée, puisqu'il y aura forcément de l'engorgement. Une, deux, trois attaques seulement, les heures précédant la cérémonie d'ouverture, suffisent à poser la question de l'annulation de cette dernière. » *Le Canard enchaîné* du 28 février 2024 conforte ce risque, lorsqu'il révèle que la livraison de systèmes intercepteurs de drones est très en retard, voire incertaine.

L'autre exemple que nous avons étudié avec notre enseignant est celui d'une lame en plastique ou en céramique cachée dans une semelle de chaussure. Elle serait très difficilement décelable lors de la fouille, sans rayons X. Les portiques magnétiques ne détectent que les matières contenant du métal. Idem pour les raquettes magnétiques, ces sortes de manches noirs avec des diodes qu'on vous passe le long du corps. Elles ont une sensibilité réglable. Plus on l'augmente, plus elles sonnent et plus le temps de fouille s'allonge. Boucle de ceinture, bouton de veste métallique déclenchent le bip de l'appareil. Devra-t-on mettre en œuvre une fouille de type aéroport sans les rayons X ? Autre question. On imagine mal une inspection des chaussures qui prendrait plusieurs minutes par spectateur. Quelqu'un de mal intentionné, muni d'une lame, pourrait blesser bien sûr, mais aussi créer un mouvement de panique. Dans ce cas, la foule aurait le choix entre des sas d'évacuation d'un côté ou le fleuve de l'autre, avec des bateaux qui défilent sur ses flots et des caméras raccordées à un, deux ou trois milliards de téléspectateurs, selon les différentes estimations. C'est la première angoisse de tous les spécialistes : comment gère-t-on un mouvement de panique qui pousse des spectateurs à l'eau ? De quels délais dispose-t-on pour leur porter secours quand on sait que les temps d'intervention sont beaucoup plus longs sur l'eau ? Comment continuer la cérémonie dans cette situation ?

Avec de telles incertitudes, qui ira l'esprit tranquille s'installer en bord de Seine ? Combien de chefs d'État oseront s'asseoir à la tribune, totalement rassurés ? La honte internationale et en direct serait alors garantie. La fragilité de la manifestation tient au fait que de petits moyens peuvent remettre en cause une méga-organisation de sécurité aux complexités multiples. Des risques qui sont improbables et rapidement maîtrisables dans un stade ou un endroit clos. Voilà pourquoi le véritable plan B qui chemine est celui d'une cérémonie place du Trocadéro sur la terre ferme, avec éventuellement un mini défilé sur l'eau. De fait, le 5 mars 2024, en audition devant le Sénat, le ministre de l'Intérieur, Gérald Darmanin, annonce non seulement que la jauge est ramenée à 320 000 spectateurs (voire moins) mais que les 200 000 places gratuites seront désormais accordées sur invitation « à des tiers de confiance ». Entendez, principalement des collectivités qui devront en quelque sorte s'en porter garantes. Une nouvelle preuve que la version grand public de la cérémonie d'ouverture, telle qu'envisagée par

Paris 2024, n'était pas maîtrisable. Désormais, c'est l'État qui prend la main sur l'événement.

Depuis le début du printemps 2024, le chef de l'État est de plus en plus souvent alerté par des spécialistes de la sécurité, des hauts fonctionnaires et des fins connaisseurs des JO. Ils lui expriment leurs craintes sur les risques d'actes terroristes, à la cérémonie d'ouverture notamment. Alan Abrahamson, journaliste américain, consultant pour NBC dont l'avis compte particulièrement dans le monde olympique, écrit à la mi-avril 2024 : « Mettez le président du CIO et ses membres, les chefs d'État, dans les bateaux américains et israéliens, dans les conditions des athlètes, c'est-à-dire sans gilets pare-balles et sans armes. S'ils refusent, pourquoi devrait-on imposer aux athlètes d'aller sur l'eau[1] ? »

Emmanuel Macron recevrait même des courriers de consultants en sécurité alertant sur le fait que le maintien de la cérémonie d'ouverture en l'état sera « de sa seule responsabilité ». Autrement dit, qu'il devra en assumer seul les conséquences. Tout ceci, ajouté à un contexte terroriste alarmiste, avec l'attaque du Crocus City Hall de Moscou le 22 mars dernier, l'attentat du pont Bir-Hakeim à Paris le

1. Alan Abrahamson, « Finally, an admission : Plans B and C. Let's save face : Plan C, off the river, to the stadium, now », *Wire Sports*, 16 avril 2024.

2 décembre 2023, des échanges de missiles et de drones entre l'Iran et Israël, conduisent le chef de l'État, à presque cent jours des Jeux, à parler franc.

Le 15 avril, au micro d'Apolline de Malherbe sur RMC, Emmanuel Macron pulvérise la phrase totem de Tony Estanguet, « Il n'y a pas de plan B ». À propos de la cérémonie d'ouverture, le président de la République affirme : « On fera une analyse en temps réel. Pour tout vous dire, on a une cérémonie qu'on prépare qui serait limitée au Trocadéro, où on ne ferait pas toute la Seine, voire qui serait rapatriée dans le Stade de France, parce que c'est ce qui se fait classiquement. Il n'y a pas de naïveté. Il y a une très grande lucidité, on partage toutes les informations. On va se donner les moyens de faire une très grande cérémonie d'ouverture. Si on pense qu'il y a des risques, on a des scénarios de repli. Il y a des plans B et même des plans C et on les prépare en parallèle. »

Cette déclaration a deux objectifs. D'abord ouvrir la porte à un éventuel repli, y préparer l'opinion et donc éviter une situation de crise politique. Elle doit aussi soulager la pression qui monte en interne, jusqu'au bureau du Président à l'Élysée, et envoyer, en somme, le message suivant : je vous entends, je ne suis pas jusqu'au-boutiste. De la simple logique.

Par exemple, pour envisager une cérémonie en extérieur, il faut d'abord envisager le risque météo. Il est multiple. Le plus évident : un orage d'été qui douche l'ambiance de la soirée. Ou pire : des intempéries dans les jours précédant l'ouverture des Jeux qui saturent les bassins de rétention de Paris et augmentent sensiblement la vitesse du courant. Cela rendrait les bateaux plus difficilement maîtrisables, surtout en descendant le fil du fleuve comme cela est prévu. D'accord, ce serait jouer de malchance. Ancien maire de Paris, Jacques Chirac aimait à dire que « les emmerdes volent toujours en escadrille », il ne les imaginait pas voguant en flottille. Une prévision, vingt-quatre heures à l'avance, de risque d'orage violent sur Paris le 26 juillet amènera forcément à poser la question du maintien de la cérémonie d'ouverture sur la Seine. C'est une des nombreuses variables pouvant conduire à choisir un plan B ou C, comme le signale le chef de l'État. Cela s'appelle tout simplement du bon sens.

Les organisateurs donnent de plus en plus l'impression de lancer les dés en espérant voir s'aligner, en un coup, 421. Mais les forces de sécurité ne sont pas joueuses. Elles sont épuisées. Nous avons échangé avec deux policiers. Matthieu habite en Seine-et-Marne (77) et travaille en Seine-Saint-Denis (93). Il doit rouler une heure trente pour rejoindre son commissariat. Durant les Jeux, son rythme de travail sera un cycle dit 5/1 (5 jours travaillés puis 1 jour de repos), douze heures par jour, avec

100 % de capacité de présence, comme dans tous les commissariats de France, du 24 juillet au 11 août 2024 et 80 % de présence obligatoire sur la période du 11 juillet au 8 septembre. Comment faire garder ses trois enfants de deux, six et dix ans, sa femme ne pouvant prendre que trois semaines de congés durant l'été ? Surtout, il voit la fatigue s'accumuler avec, en perspective, des semaines olympiques de 6 jours de travail, soit 72 heures. Et pour Matthieu, il faut ajouter 18 heures de trajet par semaine, tôt le matin et tard le soir, comme beaucoup de Franciliens.

Éric, lui, est brigadier-chef au commissariat de Sens, au seuil de la Bourgogne. Il s'attend donc à être mobilisé sur les JO. Mais, au printemps, il n'a encore aucune information fiable. « Mes collègues et moi avons beaucoup de craintes et de questions. Serons-nous logés à Paris ou devrons-nous rentrer chaque soir à Sens ? Et le temps de repos, l'organisation des repas, la logistique sur place ? C'est important en mission. À quelques semaines, on ne connaît ni nos missions, ni les conditions. Bien sûr, les heures supplémentaires seront payées, une prime accordée et les jours de récupération décomptés. Bien sûr, on s'adaptera, comme toujours. Le problème, c'est que nous avons enchaîné les gilets jaunes, les retraites, les émeutes, les agriculteurs puis nous sommes repassés en vigilance attentats depuis le 7 octobre dernier. En plus du rythme quotidien…

En fait, cela fait plusieurs années qu'on n'arrive pas à récupérer. »

Le projet de cérémonie sur la Seine ajoute une couche de stress à ce quotidien. Éric est inquiet de la situation sécuritaire du pays qu'il qualifie de « fragile ». Un exemple récent est à l'esprit de tout le commissariat de Sens. Fin janvier 2024, un mineur de 17 ans a été condamné en comparution immédiate pour des dégradations dans le gymnase d'un collège de la ville. Presque banal, si ce n'était le tag, fautes d'orthographe comprises, laissé sur un mur du gymnase : « Si vous remetter pas le voile, je brulerais le collège... Dernier avertissement. Free Palestine ». La surprise pour les policiers fut de constater qu'il était totalement inconnu de leurs services, mais radicalisé et influencé par les attentats du 7 octobre. Ce profil de « loup solitaire » inquiète Éric qui conclut dans un soupir : « Les JO, si on avait pu, on s'en serait passé. »

Dans la longue liste des problèmes à régler, nous ne pouvons passer sous silence celui des berges de Seine, des quais en particulier. Le 20 février 2024, Thomas Jolly, le jeune et talentueux metteur en scène de la parade sur l'eau, glisse, au détour d'une interview au magazine *Télérama*, qu'il ne peut installer de structure, ni amarrer de barge au quai de Béthune sur l'île Saint-Louis. La raison ? « On ne parvient toujours pas à connaître la structure et la solidité[1]. » À l'endroit même où est prévu le début du spectacle… Pour l'artiste, cette incertitude n'est qu'une péripétie dans sa pièce fluviale qui doit marquer l'histoire. Mais cet aveu révèle un souci subaquatique, bien inquiétant et jamais ou rarement évoqué : la résistance des quais de la Seine au poids de 320 000 spectateurs.

Comme pour le reste, le principe de la cérémonie d'ouverture sur le fleuve a été acté, voté, sans aucune étude préalable sur la solidité des quais. Ni sur ce qu'il faudrait éventuellement mettre en œuvre pour les renforcer et sur le coût des travaux. Comment le savons-nous ? Parce que nous sommes en relation depuis deux ans avec l'un des ingénieurs, approché après l'annonce pour effectuer ces études.

L'équation est simple à résumer. Selon la réglementation actuelle, pour accueillir du public, un quai doit pouvoir supporter une charge de 500 kg/m². Une norme volontairement exigeante pour offrir une marge de sécurité et supporter l'accès de véhicules de secours. Or, la construction des quais de Seine date de la fin du XVIIIe ou du début du XIXe siècle. Cette structure ancienne, sauf si elle a été renforcée, ne peut pas répondre à cette norme de sécurité sur

1. « Thomas Jolly : "Je suis triste qu'on ne puisse pas partager la cérémonie d'ouverture avec plus de public" », *Télérama*, 20 février 2024.

l'ensemble du parcours. Les constructions des années 1800 ne reposent pas sur des fondations en béton armé comme aujourd'hui. Elles sont composées de madriers en bois immergés dans le fleuve, sur lesquels reposent des blocs de pierres, liés par un béton à l'ancienne, un mélange de chaux et d'argile. Le port de Paris organise des inspections régulières, mais partielles, et ordonne des travaux de remise en état au besoin, sans prendre en compte l'objectif d'une telle résistance, ni un événement comparable aux JO.

Mis à part l'interdiction d'utiliser le quai de Béthune, aucune autre information ne filtre sur ce dossier. Une chose est certaine, en revanche : pour renforcer les quais creusés par l'âge et les crues, il faut mettre en œuvre d'importants chantiers, procéder au rempiètement des fondations en bois existantes via des planches en acier et/ou des enrochements. Parfois, il faut même injecter du béton sous l'eau. En surface, pour garantir tout affaissement du quai, s'il devait supporter une tribune par exemple, il est nécessaire de procéder d'abord à des diagnostics de la structure puis réaliser des notes de calculs de stabilité par type d'ouvrages : un travail important et complexe. Ensuite, si une faiblesse est détectée ou s'il faut augmenter la stabilité globale, on procède généralement à des forages de micropieux en béton armé jusqu'à la roche souterraine. Encore une fois, ce sont des travaux réalisables, mais ils nécessitent une planification et un financement.

22 500 tonnes[1] réparties sur 12 kilomètres de berges et deux niveaux… Les quais n'accueillent jamais autant de public, c'est-à-dire jamais autant de poids en même temps sur une si petite surface. Le niveau de danger est accru pour les quais bas, avec les 7 000 tonnes des 100 000 spectateurs à fleur d'eau. On imagine que la répartition sera calculée pour éviter une trop forte concentration sur des périmètres étroits. Restons optimistes : même si les normes officielles ne sont pas respectées (500 kg/m^2) et les calculs de masses inquiétants, parions sur la capacité de résistance des quais au public piéton.

En revanche, l'installation de tribunes inquiète beaucoup plus les spécialistes. Chargée de spectateurs, une tribune fait reposer des masses importantes sur quelques supports d'un mètre carré chacun. Sans des études précises et des travaux importants, comment installer en toute sécurité les tribunes VIP, dont les places sont vendues jusqu'à 2 700 euros, sur les quais bas ? Quant à la tribune présidentielle, qui doit accueillir plus d'une centaine de chefs d'État, installée en fin de parade au Trocadéro, on parie qu'elle sera aménagée en hauteur…

Un membre de la Délégation interministérielle aux Jeux olympiques et paralympiques (DIJOP), un service qui dépend du Premier ministre, nous glisse, rassurant : « Le cas du quai de Béthune ne

1. Pour un poids moyen de 70 kg par spectateur.

reflète pas forcément la situation de toute la ligne des quais. » C'est vrai, encore faut-il connaître l'état des autres quais… Il poursuit : « Le COJOP et la Préfecture de Police de Paris ont identifié les secteurs où se trouveront les infrastructures les plus lourdes sur les berges, notamment en bas du quai d'Orsay jusqu'au pont Alexandre III. Ce secteur semble moins problématique. »

Comment interpréter « moins problématique » ? Notre contact précise que cerner l'état des quais de la capitale s'avère compliqué car « les archives de la Ville de Paris ont partiellement brûlé ». C'est généralement la raison pour laquelle on engage des experts pour des inspections sous l'eau et des carottages en surface. Mais notre source dans les couloirs de Matignon, un brin malicieux, conclut : « De toute façon, si c'est pour finir au Trocadéro avec une cérémonie privée pour les VIP… »

Thomas Jolly avait bien cerné le problème : « Ç'aurait été plus simple peut-être de faire la cérémonie entière au Trocadéro, comme j'y avais pensé un temps[1]. »

Quant à l'inévitable question « combien ça coûte ? », impossible d'y répondre pour l'instant. La Cour des comptes, qui ronge son frein en coulisse,

1. « Thomas Jolly : "Je suis triste qu'on ne puisse pas partager la cérémonie d'ouverture avec plus de public" », *op. cit.*

en attendant de passer Paris 2024 au crible à la rentrée, donnera peut-être le juste prix. Le coût officiel d'une cérémonie d'ouverture « classique » dans un stade, comme celle de Londres en 2012, est de 34,5 millions d'euros. Sans compter la sécurité. Celle de Paris 2024 sera forcément plus chère. Le montant envisagé de l'ensemble de la sécurité des JO est évalué, pour l'instant, à 700 millions d'euros[1]. Le vrai chiffre sera évidemment supérieur. À Londres, il y a douze ans, dans un contexte de menace terroriste également, le total avait été évalué à plus d'1,1 milliard d'euros. Dans les dernières encablures avant un tel événement, on ne compte plus. On ne pense plus qu'à livrer le produit fini avec le moins d'accrocs possibles. Les meilleurs spécialistes indépendants estiment la note globale de la cérémonie d'ouverture entre 350 et 500 millions d'euros. Ces spécialistes ont l'habitude d'ajouter aux factures officielles de l'organisation une estimation basse des heures et salaires de tous les fonctionnaires spécialement mobilisés pour l'occasion. Le vrai coût, il est là ! Voilà pourquoi, entre autres, les Jeux ne financent pas les Jeux. Quels ajustements ou plans B, C, D, E subira cette cérémonie qui doit marquer l'Histoire ? Thomas Jolly affirme ne travailler sur aucun autre plan qu'une parade fluviale. Il fait

1. « JO : Darmanin n'a plus de blé », *Le Canard enchaîné*, 21 février 2024.

abstraction des contingences et des risques que nous venons d'évoquer. En tant qu'artiste, il est tout à son spectacle et à son public.

Au moment de l'impression de cet ouvrage fin avril 2024, il devient évident que cette cérémonie d'ouverture n'est plus une affaire d'organisateurs mais bien une affaire d'État. Comme à son habitude, Paris 2024 a lancé en l'air une idée, sans aucune étude préalable, avec laquelle l'État doit jongler pour tenter d'assurer la réussite du numéro. La fébrilité qui monte jusque dans les plus hautes sphères transpire par des failles inattendues. Ainsi, on tente, par toutes sortes de moyens, de garnir les bateaux d'athlètes. Il est vrai que ce serait ennuyeux d'avoir déployé toute cette organisation pour demander à des figurants de jouer les sportifs et éviter de présenter des embarcations à moitié vides.

Pour les athlètes eux-mêmes, si leur envie de vivre ce moment est forte, la raison et l'expérience l'emportent souvent. Leur but est la médaille, pas la cérémonie d'ouverture. Nous avons, en privé, récemment assisté à une discussion entre des athlètes qui ont vécu des cérémonies d'ouverture et d'autres pas. « Une cérémonie classique, c'est au mieux 5 heures d'attente debout. Là, entre le moment où tu pars du village olympique et le moment où tu reviens dans ta chambre, ça peut prendre 12 heures. Donc tu comptes 3 à 4 jours de récup derrière. Et c'est pas tout. T'y vas pas en baskets. On aura des Berluti aux pieds. C'est des super pompes, sur mesure, mais si tu ne les portes pas un mois avant, 8 heures avec ça, tu prends le risque de choper des ampoules, ou d'avoir mal aux pieds, au tendon. On n'est pas habitué à porter ça. Moi, ça m'est arrivé. Mes pieds, c'est mes outils de travail. Tu ne peux pas flinguer tes Jeux le premier soir. Selon le sport que tu fais et la date de ta compétition, aller à la cérémonie d'ouverture, c'est risqué. »

Il faut comprendre que, la veille au soir des JO, les athlètes sont soit déjà dans leur compétition, soit en fin de préparation. Alors, bien conscientes du risque de manquer de stars françaises autour des porte-drapeaux, les plus hautes instances de l'État, nous le confirment plusieurs sources, passent des coups de fil. Pour convaincre telle fédération internationale d'aménager en catastrophe le planning d'une compétition ou telle fédération française de persuader ses médaillables de monter à bord d'une péniche le 26 juillet au soir. Même s'ils entrent en lice le samedi 27 ou le dimanche 28 juillet.

En fait, le problème de cette cérémonie d'ouverture hors-normes ne serait-il pas qu'organisateurs, athlètes, public et monde de la sécurité n'ont pas les mêmes attentes ? Conséquences : des aberrations qu'on ne pensait pas possibles. Des centaines de milliers de spectateurs, *in situ*, qui regardent un écran, des athlètes qui se privent d'une cérémonie dont ils rêvent pour se préserver, des organisateurs qui s'accrochent à tout prix à un projet démentiel. Quant aux professionnels de la sécurité, au fil des contacts et des rencontres noués pour nourrir ce livre, une même phrase nous a marqués. Prononcée à trois semaines d'intervalle par deux personnes qui ne se connaissent pas. Tous deux spécialistes de la sécurité, ils bénéficient de hautes habilitations et d'informations privilégiées qu'ils nous ont distillées au compte-goutte. « De toute façon, j'ai interdit à ma famille d'assister à la cérémonie d'ouverture. »

Chapitre 2

Basket, le show et le froid

Thierry Vildary

Le mardi 6 août 2024 à 11 heures, dans l'Arena de Paris-Bercy, au moment du coup d'envoi du premier quart de finale du tournoi olympique de basket, l'organisation de Paris 2024 poussera un grand soupir de soulagement. Elle pourra même considérer qu'elle a réussi ses Jeux, ou au moins évité le pire.

Mais avant ce 6 août, il faudra lever deux obstacles. D'abord, assurer qu'aucun incident de sécurité ne perturbe la cérémonie d'ouverture. Ensuite, que la première semaine du tournoi de basketball, délocalisée à Lille, ne soit pas victime d'un coup de chaud. Une défaillance de climatisation obligerait à reporter, voire annuler des matches d'un tournoi qui exposera certaines des plus grandes stars des Jeux, l'Américain LeBron James et le jeune Français Victor Wembanyama en tête.

Les détails de cette histoire de climatisation ont été soigneusement cachés. À elle seule, elle résume l'amateurisme qui semble régner sur certains dossiers de l'organisation de Paris 2024. De l'amateurisme qui ne serait pas toujours désintéressé.

Flash-back. Une maison de verre dans un village suisse du canton de Vaud, au-dessus du lac Léman. La Fédération internationale de basket (FIBA) s'est installée ici, au calme, à Mies. Ces trente dernières années, elle est devenue un des acteurs majeurs du sport mondial avec 100 millions de licenciés et quatre fois plus de pratiquants. Elle bénéficie du soutien de la NBA, la grande ligue américaine de basket indépendante qui regroupe les meilleurs joueurs du monde. Pourtant, la maison de verre n'est pas ostentatoire et l'ambiance à l'intérieur, plutôt feutrée. À la suisse. On entre dans le bureau du patron comme dans une antichambre. Andreas Zagklis, secrétaire général de la FIBA, reçoit rarement des journalistes en privé. Mais l'occasion est spéciale. On parle des Jeux. Même s'il ne voudra jamais le reconnaître, un bras de fer est engagé depuis deux ans entre la FIBA et Paris 2024. Une première dans l'histoire d'amour entre ce sport et les JO.

L'objet de cette sourde confrontation ? Le déménagement, à Lille, de la première semaine des tournois olympiques de basket féminin et masculin, fin juillet-début août, avant un retour à Paris-Bercy pour les phases finales en deuxième semaine. Une logistique pharaonique de plusieurs déménagements. Pourquoi ? Parce que la nouvelle Arena de la porte de la Chapelle, conçue pour le basket et donc prévue initialement pour le tournoi olympique de basket, accueillera finalement du badminton tandis que le basket ira jouer à 230 kilomètres, à Lille. En termes de logique, de développement durable, d'économie de moyens, on peut sans doute faire mieux…

Grand, grec et donc passionné de basket, juriste rompu au droit international et donc bon diplomate, Andreas Zagklis, le secrétaire général de la FIBA fait la part des choses. Certes, pour la première fois dans l'histoire des JO, le tournoi de basket, un des sports phares des Jeux, ne se joue pas entièrement dans la ville hôte. Cependant, Andreas positive :

« Le choix des organisateurs est aussi économique. Jouer dans un grand stade, c'est vendre plus de tickets. Et les billets se vendent bien. Pour la première fois aux Jeux, nous aurons un match de basket féminin devant 25 000 spectateurs. C'est très positif. Aujourd'hui, à quelques mois de l'ouverture, les deux équipes (FIBA et Paris 2024) travaillent bien ensemble et je suis assez optimiste. »

25 000 places, soit la capacité du Stade Pierre Mauroy de Lille, en configuration basket ou handball. Avec trois sessions par jour à 11 heures, 17 heures et 21 heures, les organisateurs disposent de 75 000 places à vendre par jour. Or celles pour les matches de basket sont parmi les plus recherchées. La crème de la crème s'y produira. Cependant, il y a un hic de taille, que les non-experts n'imaginent

pas forcément. Les spécialistes de la FIBA, eux, l'ont assez rapidement soulevé, peu après l'annonce du déménagement de la balle orange à Lille, à l'été 2022. Le problème de la cocotte-minute.

Pour devenir une salle, le stade de foot se recouvre d'un toit qui se déplie automatiquement. Concrètement, de chaque côté de l'enceinte, un rail coulisse sur une centaine de mètres afin de déposer quatre plaques formant ce toit. Enfin presque, car tout au long de ces côtés subsiste un vide de plus d'un mètre de large. Cette grosse entrée et sortie d'air empêche l'étanchéité totale de la salle, même s'il ne pleut pas à l'intérieur. Les championnats du monde de handball en hiver ou l'Euro de basket en automne se sont déroulés sans accroc, même si le public peut avoir froid quand le temps fraîchit. En revanche, jouer des matches en pleine journée, dans ce stade fermé, du 27 juillet au 4 août, personne n'a jamais testé.

Quel est le problème ? La condensation. Du fait de la chaleur sur le toit, des milliers de personnes dans les gradins, de l'air chaud et humide qui entre par les côtés, ces milliers de litres de vapeur se refroidissent et se condensent avec la clim. Comme dans une cocotte-minute, ces micro-gouttes d'eau tombent sur le sol. En basket, le terrain est en parquet vitrifié. L'eau, la sueur, l'humidité sont les ennemies n° 1. En effet, les feintes de corps – l'essence du basket – imposent de fréquents changements d'appuis. Pour cela, les semelles doivent adhérer au sol. Si l'on glisse, le jeu devient impossible et on peut même se blesser gravement. C'est pourquoi chaque match possède des hommes-serpillières qui, dès qu'un joueur tombe ou qu'une goutte de sueur gicle, se précipitent pour lustrer le sol au moindre arrêt de jeu.

Face à ce constat, Paris 2024, après de nombreux allers-retours avec les experts de la FIBA, se trouve dans l'obligation d'installer un système de climatisation spécifique aux tournois de basket et aux finales de hand, la seconde semaine des Jeux. Car comme le rappelle Andreas Zagklis : « Nous avons, avant tout, une responsabilité : la sécurité des joueurs. »

La sécurité, elle doit arriver par le haut. Un système de tubes soufflera et aspirera l'air pour réguler la température, mais aussi le taux d'humidité et donc sécher l'atmosphère. Paris 2024 a promis de veiller à ce que des préposés aux portes de la salle assurent leur fermeture. Ouf ? Pas tout à fait.

D'après nos informations, ce système, prévu par des fournisseurs-partenaires de Paris 2024, fonctionne de manière optimale jusqu'à des conditions de 30°-32 °C et 40 % d'eau dans l'air, c'est-à-dire un temps clément et une humidité modérée. Si l'une des deux variables bouge, on entre dans une zone de turbulences de calculs et de tempête sous les crânes. Les experts parisiens pensent qu'en poussant la puissance du système, il peut encaisser les variations météorologiques. Mais d'autres experts, comme ceux de la FIBA, sont sceptiques. Personne n'a jamais fait fonctionner un système de clim pour empêcher qu'il y ait de l'eau sur un parquet de basket dans une salle remplie de fans, avec des trous sur les côtés du toit !

La vérité est que tous sont dans un brouillard de vapeur plus ou moins épais. Pour décrire de manière mesurée le débat, prenons une position médiane. Si le temps devient nuageux et que l'humidité augmente à 60 %, ce qui est fréquent dans cette région du Nord océanique : pas de certitude que le système de clim fonctionne, mais de bonnes chances. Si le temps reste plus sec mais plus chaud, avec par exemple une vague de chaleur entre 35 °C et 40 °C, ce qui arrive de plus en plus souvent à Lille : pas de certitude que le système de clim fonctionne, mais des chances raisonnables. Enfin, si le temps vire à l'orage, que la température monte autour de 30-35 °C, avec une grosse couche nuageuse, des risques d'averses et 80 % d'humidité : aucun modèle de calcul ne peut certifier que la clim peut absorber à la fois l'humidité extérieure et celle générée par 25 000 corps sous une chaleur accablante. Pourquoi ? Parce qu'il existe des références pour des salles fermées, pour des stades ouverts, mais pas semi-ouverts.

Les données climatiques brouillent encore un peu plus l'horizon : sur les six dernières années, le nord de la France a enregistré quatre fois des températures au-delà de 30-32 °C ! 41,5 °C en 2019 (le record historique), 37 °C en 2018, 38 °C en 2020 et 39 °C le 19 juillet 2022. En bref, tous les pics au-dessus de 37 °C ont été relevés ces dernières années. Voilà qui fait chaud dans le dos des organisateurs.

Pour achever le tableau, un épisode de forte chaleur peut être absorbé uniquement par un système de climatisation surdimensionné et suralimenté. Selon nos sources, c'est un système d'une puissance maximale de 7,5 Mégawatts qui sera installé à l'extérieur du stade Pierre Mauroy. Quinze containers énergie-clim, soit l'équivalent d'un immeuble de sept étages de générateurs électriques. Plus que ce qu'utilise le centre de média des Jeux pour refroidir les régies des télévisions du monde entier qui s'y installeront. À peu près ce que déploient le Qatar et l'Arabie Saoudite pour refroidir des stades de foot en plein air et dont on s'est beaucoup moqué. Pour le stade de l'ancien Premier ministre et maire de Lille, on invente donc la clim « Gros Quinquin », l'ancien sobriquet affectueux de Pierre Mauroy.

Tout ceci ne fait pas rire Andreas Zagklis, le secrétaire général de la FIBA, pas plus que son président, le Qatari Saud Ali Al Thani. Ils se sont engagés, par contrat, envers les joueuses et les joueurs à garantir leur intégrité physique. Une blessure ou une indisponibilité induit une perte énorme pour l'employeur, le club. Si la blessure est sérieuse, c'est la carrière du joueur qui est en jeu. L'indisponibilité est prise en charge non pas par notre Sécurité Sociale, mais par des assurances spécialement contractées pour les JO. Et là, on ne parle pas de smicards. Chez les hommes surtout. Depuis Barcelone 92 et la Dream Team de Michael Jordan, la NBA, le grand championnat américain, le Comité international olympique et la Fédération internationale de basket ont trouvé un accord pour permettre aux basketteurs américains de participer aux Jeux. Soit quelques joueurs à l'époque, mais depuis, la National Basket Association est devenue vraiment mondiale. En 2023, 120 joueurs de 40 pays différents jouaient dans le championnat américain. Si bien qu'on va retrouver, américains et internationaux confondus, une cinquantaine de joueurs de la NBA sur le parquet de Lille. Les plus grandes stars de cette ligue, comme les Américains LeBron James, Stephen Curry ou Kevin Durant, touchent dans leur club plus de 40 millions d'euros par an. S'ils se blessent durant les Jeux, ce sont donc les assurances qui paient les salaires durant l'indisponibilité. On estime le montant total des contrats de joueurs NBA à garantir sur le parquet lillois à 3 milliards d'euros ! Les trois quarts du budget total du Comité d'organisation des Jeux.

À ce tarif, personne n'a les moyens d'organiser un match de basket version *Holiday on Ice*.

Si la blessure survient dans des conditions de jeu normales, l'assurance paie. En revanche, si elle se produit alors que les conditions sont jugées anormales (un parquet glissant par exemple), la compagnie d'assurances peut se retourner contre les organisateurs. Entendez la FIBA et Paris 2024. C'est pourquoi la FIBA doit s'assurer que les conditions sont réunies pour jouer au basket. Andreas Zagklis me confirme que plusieurs fois par jour ou même à la mi-temps d'un match, des spécialistes de la fédération constateront que l'air conditionné absorbe correctement l'humidité ambiante.

Si ce n'est pas le cas, le coup d'envoi du match peut être reporté. Une catastrophe pour les joueurs, les spectateurs, les diffuseurs, le calendrier et, *in fine*, l'image des Jeux. Plusieurs matches sautent leur créneau de diffusion et un média peut se retourner vers le Comité international olympique auquel il achète (cher) les droits TV. En cascade, le CIO, lui, peut attaquer Paris 2024 qui doit garantir la livraison à l'heure du spectacle sportif.

Ce scénario empêche de dormir tranquille, en Suisse, comme à Paris. Sans parler de la communication : un seul message négatif d'une star du basket provoquerait un désastre. En un clic, LeBron James touche ses 159 millions d'abonnés sur Instagram.

La presse américaine, la plus puissante au monde, se jetterait sur la polémique pour en faire un scandale international. L'organisation des Jeux se transformerait alors en cellule de gestion de crise.

Andreas joue la sérénité : « Nous avons besoin d'être sûrs que la climatisation fonctionne et réponde aux conditions de chaleur. Nous attendons maintenant quand et comment sera terminée l'installation. On nous assure des "extra-capacités". Nous attendons une date pour la tester. » « Nous avons besoin d'être sûr », « nous attendons », « on nous assure » … Bien sûr, le secrétaire général de la FIBA se déclare « optimiste » et semble satisfait des conditions de logements à Lille, dans le petit village olympique de 500 chambres, spécialement construit pour les basketteurs et les handballeurs. Il se dit aussi satisfait des conditions de transport, en bus Top Classe, pour les équipes, notamment américaines, qui ont prévu de loger à Paris.

En revanche, pour les « petites » équipes qui dormiront à Lille et seront éliminées au premier tour, l'expérience olympique se résumera à un tournoi de basket classique. Pas de village olympique avec les 10 000 athlètes, ni de visite sur un autre sport durant un jour de repos, ni de selfie pont Bir-Hakeim. Rien de ce qu'on appelle « l'expérience olympique » qui représente, pour les sportifs, la magie des Jeux.

Le secrétaire général de la FIBA se fait philosophe (rien d'anormal pour un Grec) :

« Longtemps les Jeux ont été dans la démesure et les organisateurs se soumettaient aux désirs du CIO ou des fédérations. C'était trop. À Paris, nous entrons dans une autre époque et nous devons nous adapter. Même si la bonne mesure est sans doute quelque part entre les deux. »

Mais quand on lui demande son sentiment sur cette nouvelle salle à Paris, porte de la Chapelle, spécialement construite pour le basket sans pouvoir y jouer au basket pendant les Jeux, Andreas Zagklis dévie habilement la balle : « Cette question, les élus du comité directeur de la FIBA me l'ont posée aussi, et même mon président – pourquoi c'est un autre sport qui joue dans la salle de basket ? –, je leur ai répondu : ce n'est pas à moi qu'il faut poser la question. »

Paris 2024 affirme que ce jeu de chaises musicales, qui a conduit la première semaine de compétition de basket, successivement à Bercy, puis au Parc des expositions de la porte de Versailles, puis à Lille, était la meilleure option. Certaines mauvaises langues sifflent que si le badminton, compétition certes estimable mais pas la plus courue dans notre partie du globe, se retrouve dans un écrin tout neuf et surdimensionné de 8 000 places porte de La Chapelle (soit une capacité presque deux fois supérieure au judo au Grand Palais Éphémère !), cela ne doit rien au hasard. Mais plutôt à un ancien joueur, membre du Comité directeur de la Fédération internationale de badminton : Étienne Thobois, le directeur général de Paris 2024. Le même qui décide des sites où sont implantées les compétitions.

La sécurité, la Seine, le surf, le basket. Le scénario se répète. Paris 2024 choisit de « casser les codes », mais en amont, les études d'impact ou de faisabilité sont faibles voire potentiellement inexistantes. Paris 2024 donne l'impression, dans ces dossiers, d'avancer tête baissée, flamberge au vent, à grands coups de clairon de communication, en consultant peu ou pas les spécialistes des sports concernés. Ainsi, Paris 2024 avait pensé faire jouer la première semaine de basket dans le Hall 6 du Parc des expositions de la porte de Versailles, avant de déclencher une bronca des joueurs français et de s'apercevoir que l'éclairage aux néons les éblouirait. L'expertise de la FIBA, avant d'opter pour Lille et son stade presque couvert, aurait pu être précieuse. En effet, la Fédération sort tout juste de l'organisation d'une coupe du monde de basket au Japon et aux Philippines, qui s'est jouée sous climat tropical pendant l'été 2023. Les problèmes de condensation, elle connaît et travaille avec les meilleurs experts mondiaux. Mais le COJOP préfère choisir d'abord et voir comment faire après. Pour quel bénéfice ? Les estimations du coût de l'installation pour l'air conditionné du stade Pierre Mauroy de Lille vont de 7 millions d'euros pour les plus optimistes à près de 20 millions d'euros.

La réalité toute crue est donc la suivante : pour les JO en France, on va climatiser un stade à Lille ! Alors même que Paris 2024 a beaucoup communiqué sur l'absence de clim dans le village olympique de Saint-Denis et ainsi promis un bilan carbone équilibré ! Pendant ce temps les experts planchaient sur une usine à gaz réfrigérant dans le Nord. Reste à espérer que la météo clémente emportera dans son ciel d'azur la traîne de cet épisode orageux. Sauf que…

El Niño. Ce phénomène météorologique se produit de l'autre côté du globe à intervalles réguliers, réchauffe l'eau de l'océan Pacifique et crée, les années suivantes, des vagues de chaleur sur toute la planète. El Niño a provoqué un pic de températures près du Pérou et de l'Équateur en 2023. Selon l'Organisation météorologique mondiale (OMM), il faut donc s'attendre à des vagues de chaleur dans nos contrées en 2024. Le quotidien lillois *La Voix du Nord* s'en est ému : « Une canicule bien pire qu'en 2003 pendant les Jeux olympiques de Paris : ce scénario catastrophe est de l'ordre du possible[1]. » Les scientifiques ne donnent pas encore de zones géographiques précises, mais assurent, avec une probabilité de 99 %, que 2024

1. « Été 2024 : une canicule bien pire qu'en 2003 est de l'ordre du possible, préviennent des chercheurs », *La Voix du Nord*, 25 janvier 2024.

sera plus chaud que 2023. Par superstition, sur un bateau, on interdit de prononcer le mot *lapin*. À bord de Paris 2024, on peut se demander si le mot interdit ne serait pas *parquet*.

Chapitre 3

Surf : Duel à OK corail

Thierry Vildary

Il est souvent reproché à Paris 2024 d'embellir la réalité, de faire des promesses féeriques, mais vraisemblablement intenables, de monter des opérations de communication qui permettraient de détourner le regard des vrais problèmes. En somme, d'enjoliver la vérité. L'épreuve du surf organisée à Tahiti apporte une variante : la mystification, cette fois, n'était pas masquée. Elle a éclaté en plein soleil.

15 octobre 2023. Ce serait un dimanche matin ensoleillé comme les autres à Tahiti, s'il n'y avait cette longue procession, encadrée d'un cordon fleuri. Un cortège de cinq cents personnes, composé d'enfants, d'anciens, de familles et de surfeurs, défile au son du tambour traditionnel et du Pukaea, une trompe en bois qui évoque une sirène rauque. Comme une alerte. Les riverains et habitués de la plage de Teahupoo sont en colère. Les JO veulent « casser les codes », mais brisent leur corail.

Au bout du petit chemin piéton, la plage donne sur un lagon de faible profondeur, où affleure un formidable massif corallien. Un trésor polynésien. Pendant des millénaires, il s'est épaissi jusqu'à former un plateau que heurte la houle du Pacifique. En seulement quelques mètres, le fond marin passe de deux kilomètres et demi à presque rien. Cette compression naturelle génère une des plus belles vagues du monde. La plus réputée pour le surf : Teahupoo. Elle peut monter jusqu'à quinze mètres, mais surtout, quand le vent vient de terre, elle forme un tube parfait, d'un bleu glacier. On y logerait un camion ou un immeuble. C'est fun, photogénique et dangereux. C'est là que Paris 2024 a décidé d'organiser les épreuves olympiques de surf. À rebours de toute logique et contre ses propres règles.

Au départ, la carte postale est idyllique. Le surf à Tahiti est un formidable objet de communication que Tony Estanguet, le président de Paris 2024, brandit comme une victoire. Mais, à l'automne 2023, le cliché s'assombrit. Les premiers tests pour installer la nouvelle tour des juges au bout du lagon se passent mal. La vague de Teahupoo se situe à presque un kilomètre du rivage. Lors des compétitions de coupe du monde organisées ici, pour pouvoir juger de la prestation des concurrents, on installe les officiels dans une tour éphémère en bois, au bout du lagon, près de la vague. Elle ne répond pas aux normes olympiques. Elle manque de toilettes, elle manque de clim, elle manque d'Internet, elle manque de place. Le gouvernement tahitien, avec Paris 2024, a donc décidé d'en construire une nouvelle, plus grande, plus moderne et avec une structure en aluminium.

Problème, il faut transporter ces éléments plus lourds que ceux de la vieille tour et percer de nouvelles fondations dans le tablier de corail. La barge qui amène le matériel racle le fond et casse le récif. Avec tous les allers-retours nécessaires pour édifier le bâtiment, les Tahitiens prévoient que le champ de corail finira en champ de labours. Le corail est un animal. Il ne repousse pas aussi vite qu'une plante, même si on peut le bouturer pour le réparer. Endommagé à un endroit, l'ensemble d'un massif peut mourir.

Les habitants ne l'envisagent pas. Ils sont très attachés à Teahupoo. Ce coin préservé de l'île est un lieu mythique et cultuel. Leur opposition est pacifique, mais ferme. Temoana Poole, un jeune artiste photographe polynésien, lance cette formule : « Les JO ont besoin de Teahupoo. C'est aux JO de s'adapter à Teahupoo et à sa communauté, pas l'inverse. » Les surfeurs locaux relaient ce message par la voix de Matahi Drollet, une star mondiale du surf. Une vague internationale de mécontentement se lève. Le monde du surf lui fait aussitôt écho, de Tahiti à Los Angeles, en passant par l'océan Indien.

Face à cette colère, Anne Hidalgo invente le voyage semi-officiel. Le lendemain de cette manifestation, la maire de Paris arrive sur l'île accompagnée de deux adjoints, dont Pierre Rabadan, chargé des sports. Un voyage planifié depuis longtemps. Elle prévoit de rencontrer les élus et de se rendre sur le site de surf. On lui conseille d'annuler sa venue, qui pourrait être vécue comme une provocation. Machine arrière, Anne Hidalgo se fait représenter par Pierre Rabadan « au vu du climat de tension sur place[1] » reconnaît la mairie de Paris.

Trop tard, le ver est dans le fruit : chacun s'interroge sur la concomitance de cette visite avec le mouvement de protestation. Que va-t-elle faire dans ce guêpier, en quoi sa présence est-elle utile ? Anne Hidalgo se retrouve alors prise dans une zone de sables mouvants polynésiens. Elle annonce qu'il s'agit d'une « visite officielle » dans le cadre de la préparation des Jeux. Ce à quoi Moetai Brotherson, le Président de la Polynésie, agacé par ce bazar médiatique, répond à l'AFP que « cette séquence n'est pas officielle[2] ». Comment pourrait-elle être « officielle » pour Anne Hidalgo d'ailleurs, puisque le site du surf relève de la seule compétence du

1. Marcelo Wesfreid et Christine Henry, « Anne Hidalgo à Tahiti : la maire de Paris ne s'est finalement pas rendue sur le site de l'épreuve de surf », *Le Parisien*, 3 novembre 2023.

2. « Anne Hidalgo en Polynésie », France info, 5 novembre 2023.

COJOP (l'organisation des Jeux) ? Anne Hidalgo, présidente de la Société de livraison des ouvrages olympiques (SOLIDEO), ne peut avoir de mission officielle ici... De plus, la nouvelle tour des juges est entièrement financée par le gouvernement polynésien, soit 4,4 millions d'euros. D'où la défiance des autorités locales.

Le 21 octobre, Anne Hidalgo disparaît pour deux semaines de vacances chez sa fille qui vit dans une île près de Moorea. À son retour, début novembre, elle doit répondre aux nombreuses attaques de l'opposition municipale de droite et justifier cette visite « officielle » à ses yeux, mais pas pour ses hôtes. Coût du voyage municipal : 59 500 euros dont plus de 40 000 euros de billets d'avion. Enfoncée jusqu'à la taille, la maire de Paris fait le mouvement de trop. Pour légitimer un déplacement « officiel » à un endroit où elle n'a pas pu se rendre, suivi de vacances privées, elle précise qu'elle a « payé de sa poche le billet retour[1] ». L'opposition dénonce le mélange d'affaires publiques et privées et saisit à deux reprises le Parquet national financier (PNF). La commission de déontologie de la Ville de Paris estime

1. « Voyage en Polynésie : Anne Hidalgo souhaite rendre publics les déplacements professionnels des élus », *Libération*, 9 novembre 2023.

le déplacement « régulier[1] ». Dix mois avant la compétition, le « monstre » de Teahupoo a fait des vagues jusqu'à Paris, un tube médiatique et une victime politique.

Dans cette tempête, quelques jours après la manifestation tahitienne du 15 octobre 2023, les autorités locales et Paris 2024 revoient leurs plans. La tour sera réduite de surface pour l'alléger et ne pas percer plus le corail. À 16 000 kilomètres de là, sur la côte atlantique, tous ces revirements sont la preuve que Teahupoo n'aurait jamais pu prendre la vague olympique. Certains élus locaux en métropole sont stupéfaits.

Nous l'avons dit, Paris 2024 met souvent la charrue de la communication avant les bœufs de l'organisation. Mais à propos du surf, le Comité d'organisation des JO a mis sur pied un véritable appel d'offres en 2019. Costaud. Exigeant. Un règlement de candidature sérieux et circonstancié. Un « process », comme on dit dans les écoles de commerce, qui aurait dû exclure d'emblée la candidature de Teahupoo. Car si sa vague est belle, sa candidature est vague. Comment a-t-elle pu répondre à certaines exigences émises, présentées comme

1. Charlie Duboise, « Voyage d'Hidalgo en Polynésie : la commission de déontologie le juge "régulier" », *Le Journal du Dimanche*, 11 novembre 2023.

primordiales dans les documents officiels produits par Paris 2024 ? Le cahier des charges pour les candidats à l'organisation des épreuves de surf olympique énonce précisément les conditions minimales pour être retenus. Une liste de courses de trente-quatre pages que nous nous sommes procurée. Ces quelques extraits ne sont pas publics, mais ils nous éclairent.

La zone spectateurs. Le cahier des charges exige « un ou plusieurs espaces spectateurs, dont un, au minimum, avec vue directe sur la zone de compétition ». Condition impossible à remplir pour Teahupoo. La vague est à 800 mètres au moins de la plage. Cela fait d'ailleurs l'affaire des pêcheurs locaux et de quelques bateaux-taxis qui transportent les touristes au bout de la vague, pour leur offrir une vue imprenable sur le tube et ceux qui le défient. Or, Paris 2024 insiste à plusieurs reprises sur l'importance de l'accueil des spectateurs : « L'événement doit devenir une grande fête populaire et proposer un spectacle attractif pour tous. »

À Teahupoo, le site est magnifique, mais sauvage. Magnifique parce que sauvage. Il n'est pas conçu pour accueillir du public. Lors des étapes de coupe du monde, chacun se débrouille, amène ses rations, dort chez l'habitant. On accède au site par une petite route communale en cul-de-sac puis un chemin piéton pendant plusieurs centaines de mètres. Amener ici de l'énergie, des écrans, aménager des tribunes, des sites de restauration, etc., impactera forcément la configuration naturelle du site. Sur papier, ce seul point est disqualifiant.

L'impact environnemental. « Paris 2024 attachera une attention particulière à l'impact environnemental de l'accueil d'un sport très sensible aux enjeux du climat et de la biodiversité. » Casser du corail ne semble pas rentrer dans ces critères. Comment a-t-on donc pu envisager de bâtir une nouvelle tour, plus grande et plus lourde, nécessitant de couler de nouvelles fondations en béton dans le massif corallien ? Quelle étude d'impact et de faisabilité a pu valider cette option ? La réponse est : aucune.

Paris insiste sur des Jeux neutres en carbone et demande logiquement des capacités d'hébergement suffisantes dans un rayon de 20 kilomètres. Mais Teahupoo est un Éden parce que vierge de tout hôtel ! L'endroit propose seulement quelques gîtes et chambres d'hôtes. Les rares hôtels se situent à Papeete, la capitale, située à 70 kilomètres au nord, reliée par des routes souvent encombrées. Les organisateurs envisagent donc… un cargo-hôtel, qui fournirait les deux cents chambres requises ! Le surf version Costa Croisières.

L'aménagement de la plage. Paris 2024 exige des conditions possibles à Los Angeles ou sur la côte basquo-landaise, mais inenvisageables à Teahupoo, sauf à défigurer le site. Cette plage étroite devrait offrir une surface totale de 16 000 m^2, des points de restauration, un écran géant de 50 m^2, des kiosques de vente de produits, des espaces partenaires, une zone d'animations, un espace d'accueil-information-objets trouvés, des points d'eau potable, bien sûr des sanitaires et un poste médical. Ce dernier point pose question. Comment traiter, évacuer des spectateurs en cas d'insolation, de gastro-entérite, d'entorse ou de fracture, dans une zone difficilement accessible aux secours ? En août 2023, Ethan Ewing, le numéro deux mondial de surf, a chuté dans la vague. Il s'est cassé deux vertèbres. À terre, il a fallu le placer dans une coque, le transporter à pied sur la plage, le convoyer ensuite en 4×4, puis en ambulance, vers Papeete.

Ce règlement est clair. Les collectivités de la côte atlantique qui, elles, ont monté des dossiers répondant au cahier des charges, ont donc l'impression qu'on a savonné leurs planches. Pourtant, leurs plages sont larges et longues. La Torche, Lacanau, Hossegor et Biarritz organisent depuis des années des épreuves de surf, qui drainent des milliers de spectateurs. Ces villes ne comprennent toujours pas sur quels critères elles ont été battues par Tahiti. Elles attendent encore des explications, pour se consoler des dizaines de milliers d'euros qu'elles ont investis en études, consultants, services spécialisés et documents.

Quand le « Corail Gate » de l'automne 2023 a surgi, le sang des maires concernés a fait un 360 qui vaudrait une bonne note au-dessus d'une vague. Notamment quand Moetai Brotherson, le président de la Polynésie française, prend la parole dans *L'Équipe*. Il précise qu'il a récupéré ce dossier de son prédécesseur (Édouard Fritch) et pointe une « absence totale de communication et d'inclusion de la population par l'ancienne équipe dirigeante[1] ». L'élu indépendantiste abandonne sa bonhomie habituelle pour une déclaration à la hache, qu'on n'a encore jamais entendue venant d'une collectivité à propos du Comité d'organisation des Jeux : « Quand nous sommes arrivés au pouvoir, nous avons dit qu'il existait un site beaucoup plus adapté pour les JO, le spot de Taharuu Beach à Papara. Il est peut-être moins spectaculaire et moins mythique que Teahupoo. Mais c'est un “beach break” et il a des infrastructures déjà existantes, il n'y avait rien besoin de construire. En termes d'organisation, c'était beaucoup plus facile. Et la vague nous paraissait plus adaptée, elle est plus raisonnable même par gros temps contrairement au “monstre” Teahupoo,

1. David Michel, « Moetai Brotherson (président de la Polynésie française) : “On ne peut pas faire ces Jeux contre la population” », *L'Équipe*, 30 octobre 2023.

et elle est plus constante. On nous a expliqué qu'il était impossible de changer de site sinon cela remettait en cause la sélection de Tahiti en tant qu'organisateur des épreuves de surf[1]. »

Il met en lumière le dilemme entre la raison et la communication. C'est le premier à témoigner d'une aberration parisienne : « Il y a eu des erreurs de communication de Paris 2024 concernant l'étude d'impact environnemental. Une première réponse a été de dire : "Oui, elle a été faite." Sauf qu'à la fin de la réunion, il a été dit que : "Non, en fait ce n'est pas une étude d'impact qui a été faite mais une notice environnementale avec un suivi[2]." »

Cette déclaration n'a pas été contredite. C'est pourtant un élu qui dénonce un flagrant délit de tromperie… Si Paris 2024 a menti aux Tahitiens sur le dossier de candidature de leur île, le Comité d'organisation des Jeux aurait donc aussi menti aux autres villes candidates.

Le Président de la collectivité qui accueille et co-organise le surf olympique révèle donc que le dossier monté par son prédécesseur serait bancal. Si jamais ce dossier existe… Ce dont doutent les autres candidats.

Ces derniers ruminent leur colère. Après le choix de Tahiti, « personne ne nous a appelés », fulmine

1. *Ibid.*
2. *Ibid.*

ainsi Laurent Ortiz, l'adjoint aux sports de glisse de Biarritz. Les élus de l'Atlantique ont vraiment l'impression de passer pour des « Brice de Nice ». Le COJOP n'en a cure et justifie son choix tahitien par la hauteur des vagues… Et des statistiques de Météo France : « Tahiti a 75 % de chances d'avoir, en juillet, la vague optimale recommandée par la Fédération internationale de surf (entre 1,50 m et 2,50 m), alors que la métropole a moins de 20 % de chances[1]. »

Cette information enrage les élus métropolitains, de La Torche à Biarritz. Quand on consulte le règlement de la Fédération internationale de surf, la hauteur idéale n'existe pas. Seule est stipulée page 28 une « hauteur minimale recommandée de vague de 50 cm ». Par exemple, à Lacanau, les données du dossier de candidature que nous avons pu consulter indiquent une moyenne de vague sur dix ans de 1,18 m (90 cm au plus bas contre 1,40 m au plus haut). Largement suffisant. Sinon comment la station girondine organiserait depuis 1979, chaque été au mois d'août, le Lacanau Pro, une des plus grandes compétitions mondiales de surf qui attire des dizaines de milliers de fans ? C'est toute l'économie

1. Sandrine Lefèvre, « JO 2024 : Paris choisit Tahiti pour l'épreuve de surf, est-ce vraiment une bonne idée? », *Le Parisien*, 12 janvier 2019.

du surf qui est attaquée et l'image de stations balnéaires réputées.

Depuis, la situation semble revenue au calme à Teahupoo. La nouvelle tour des juges, en version allégée, a été installée. Aucune information ne filtre concernant l'état du corail. Tahiti affiche l'union sacrée.

Plus personne ne se plaint, ni ne communique. Il s'agit aussi de protéger l'image de la région. De l'autre côté du globe, les élus de la façade atlantique – La Torche, Lacanau, Hossegor, Biarritz –, comme souvent, ont tourné la page et ne souhaitent pas passer pour de mauvais perdants, face au plus gros événement mondial adossé à l'État. Reste leur sentiment d'avoir été assez largement pris pour des conques – ces gros coquillages tahitiens, creux, dans lesquels on souffle pour produire un son de corne…

Chapitre 4

Un Comité d'organisation « erratique »

Sébastien Chesbeuf

« Erratique » vient du latin *erraticus* qui signifie « qui erre » ou « qui va çà et là ». Le mot caractérise des mouvements, des comportements ou des occurrences irréguliers, imprévisibles ou instables. Appliqué à une organisation, il signifie qu'elle manque de cohérence, de stabilité ou de prévisibilité dans sa structure ou sa manière d'agir.

Pour comprendre le mode de fonctionnement du COJOP (Comité d'Organisation des Jeux olympiques et paralympiques), il faut s'intéresser à sa construction. Bâti sur le modèle du Groupement d'intérêt public – « GIP de candidature Paris 2024 » –, le COJOP est organisé en départements. Afin d'identifier leur champ d'attributions respectif, chacun d'eux a son acronyme propre. Ainsi, la direction en charge de l'héritage des Jeux se nomme « LGY » pour legacy ; la direction de la marque, de l'engagement et des célébrations, « MEC » ; la direction des sports, « SPT » ;

la direction de l'engagement, « EGT » ; la direction des relations internationales, « RI ». La direction des affaires publiques « GOV » pour Government (dont je faisais partie), etc. Chaque département s'articule de façon « verticale », avec un directeur, puis des directeurs délégués, qui eux-mêmes chapeautent un ou des responsables.

À la tête du comité d'organisation, sous l'acronyme « EXE » pour « Exécutif », se cache le centre névralgique, le lieu où, *in fine*, les choses se décident ou pas. « EXE », c'est Tony Estanguet, le président exécutif ; Michaël Aloïsio, le directeur de cabinet du président ; et Étienne Thobois, le directeur général.

Si les autres départements ont une structure pyramidale, le département « EXE », lui, fonctionne en mode « horizontal ». Tony Estanguet fait figure de « chef », mais l'avion COJOP compte, dans le cockpit, trois commandants de bord. Rien que ça. Cerbères de ce pré carré, ils gardent et protègent leurs prérogatives et leurs intérêts respectifs : pas touche, domaine réservé.

César, Pompée et Crassus, au temps de la Rome antique, s'étaient essayés à ce mariage d'intérêts. Dans ce triumvirat, chacun y trouvait son compte. Pompée veillait sur les intérêts de ses collègues à Rome pendant que l'un guerroyait en Gaule et l'autre en Orient. Le schéma de l'exécutif du COJOP est le même : à Tony Estanguet, l'image des Jeux, leur incarnation (son obsession) ; à Étienne Thobois, la livraison, l'organisation « technique et opérationnelle » ; à Michaël Aloïsio, le message, leur sens.

La réussite ou l'échec d'un triumvirat dépend principalement des personnes qui le composent, de leur capacité à collaborer, communiquer efficacement et mettre l'intérêt commun au-dessus de leurs intérêts personnels. Et si les structures de gouvernance à un seul dirigeant sont souvent préférées, c'est en raison de leur clarté et de leurs responsabilités plus définies. Car le triumvirat recèle des risques multiples : conflits de pouvoir, blocages décisionnels, absence de responsabilités claires, difficultés à assurer la cohérence, défis de communication, risques de collusion ou d'alliances informelles… dérives auxquelles le triumvirat du COJOP n'a pas échappé.

À l'origine était l'organigramme.

Après de longs mois de tergiversations, de flottement, et en réponse aux sollicitations légitimes et de plus en plus insistantes (de la part de la Ville de Paris, la Région Île-de France, le département de Seine-Saint-Denis, le Comité national olympique et sportif français, etc.), « EXE » se décide, à l'automne 2019, à partager son organigramme interne. Chacun saura ainsi qui fait quoi au sein du COJOP. Le document diffusé est une catastrophe. Un cas d'école d'opacité, de ce qu'il faut proscrire en management. On y découvre par exemple que si certains directeurs sont « hiérarchiquement rattachés au directeur général », ces mêmes directeurs relèvent, au quotidien, du « pilotage fonctionnel du directeur de cabinet »… La Cour des comptes, dans son relevé d'observations provisoires, dont *L'Équipe* se fait notamment l'écho[1], s'étonne et s'inquiète déjà des risques :

> *« La position de la fonction de directeur de cabinet telle qu'elle est mise en œuvre et articulée avec celle du directeur général est singulière ; l'organisation actuelle soumet à la double commande du directeur de cabinet et du directeur général les sujets d'héritage, de communication, de culture, d'affaires publiques… Aussi un tiers des directeurs sont ainsi sous la responsabilité fonctionnelle du directeur de cabinet et sous la responsabilité hiérarchique du directeur général. Si ce double rattachement peut se justifier pour certaines fonctions, il pourrait à terme s'avérer source de difficultés dans le fonctionnement d'ensemble du COJOP. »*

Pourtant, « EXE » se félicite de cette innovation managériale et organisationnelle et, sans vraiment en mesurer la portée, diffuse fièrement l'organigramme qui matérialise, officialise et institutionnalise les dégâts à craindre. Dès lors, il est acquis que tous les dysfonctionnements susceptibles d'advenir seront

1. « Paris 2024, sous l'œil de la Cour des Comptes », *L'Équipe*, 11 novembre 2020.

d'ordre structurel et trouveront leur source dans la gouvernance de Paris 2024.

Les retours et les critiques ne se font pas attendre. Très vite, l'organisation est moquée, tant sur le fond que sur la forme. Sur le fond, tous ont compris que loin de clarifier les rôles de chacun, cet organigramme complexifie la compréhension de l'organisation et opacifie la chaîne de responsabilités entre le directeur de cabinet et le directeur général… « Tout cela est d'une limpidité cristalline ! » nous écrira, non sans humour, la Délégation interministérielle aux Jeux olympiques et paralympiques (DIJOP), le 17 septembre 2019, après en avoir pris connaissance.

Sur la forme, l'organigramme, bariolé de bleu et d'orange, traduit à merveille, dans un flou artistique, ce chevauchement de responsabilités. Cela lui vaudra le quolibet d'organigramme « malabar », en référence au chewing-gum bicolore. À l'inverse du résultat escompté, le document partagé consacre le désordre et l'anarchie.

En réalité, cette organisation erratique, si elle se fait jour à l'automne 2019, n'est pas nouvelle. Chacun à son niveau, au sein des équipes de Paris 2024, la subit au quotidien depuis la création du Comité d'organisation, en mars 2018.

Tout vient d'un péché originel.

Lorsque la phase de candidature de Paris cède la place à celle de l'organisation des Jeux olympiques et paralympiques (JOP), rien ne change pour Tony Estanguet et Étienne Thobois, qui restent respectivement président et directeur général. En revanche, une nouvelle vie commence pour Michaël Aloïsio. Directeur général adjoint de la candidature, il devient directeur de cabinet du président du comité d'organisation.

Nouveau titre, nouvelles fonctions, rien de plus logique. Or, Michaël Aloïsio n'en prendra jamais la mesure. Il avait peu ou prou trouvé sa place comme directeur général adjoint de la candidature, il ne trouvera jamais celle de directeur de cabinet du président du COJOP. Au gré de ce qu'il croit être son rôle, il sera un jour directeur général à la place d'Étienne Thobois, l'autre conseiller spécial du président. Un jour, directeur des Affaires publiques, l'autre, chef de cabinet. Un jour, directeur de « l'engagement », l'autre de « l'héritage ». Un jour..., l'autre... Il lui arrivera même souvent d'être président à la place du président.

Tout est dit. Michaël Aloïsio est ainsi tout le temps, partout, et nulle part.

« Michaël, il veut tout contrôler, sans assumer aucune responsabilité et ça bordelise le fonctionnement », me résumera Étienne Thobois.

Par nature, Michaël Aloïsio est très discret. Sa discrétion est inversement proportionnelle à sa part de responsabilité dans les dysfonctionnements et incohérences de l'organisation, lesquels ont été soulignés par la Cour des comptes. Des consignes sont données, puis contredites. Des décisions prises, puis annulées. Des choix doivent être faits, on les reporte. À untel, on tient ce discours et à unetelle un autre…

Ainsi, il n'est pas rare, me confie Étienne Thobois le 4 juillet 2019, « qu'après avoir passé deux heures en tête à tête avec Tony pour avancer sur des dossiers, Michaël passe derrière moi et qu'en un quart d'heure il foute en l'air et remette en question les arbitrages pris par Tony ».

Ces problèmes de gouvernance auront raison de mes deux directrices successives à la tête du département « GOV », qui ne resteront que six mois en poste. Les « départs » consécutifs, après un passage éclair de ces deux professionnelles aguerries, se suffisent à eux-mêmes pour imaginer l'ampleur de l'anarchie qui règne…

La première, Maïa Wirgin, énarque, issue de la Cour des comptes, est l'ex-secrétaire générale de Radio France. Elle arrive au COJOP à l'été 2018 et le quitte le 7 janvier 2019. Marie-Emmanuelle Assidon, préfète, ex-conseillère spéciale de Bernard Cazeneuve au ministère de l'Intérieur, puis à Matignon, arrive au COJOP à l'été 2019 et le quitte début janvier 2020. Le 19 octobre 2019, cette dernière adresse à Michaël Aloïsio le mail suivant :

« Il ne peut pas t'avoir échappé qu'on marche totalement sur la tête. Que tout le monde est perdu, que per-

sonne ne sait qui fait quoi, et que chacun s'efforce... de faire semblant de ne pas le voir pour être extrêmement collaboratif... Ce système dysfonctionnel épuise tout le monde, sans qu'affleure la moindre volonté de s'organiser. Presque comme si ce désordre, qui nous met collectivement en risque signalé, était voulu... Je n'en veux à personne mais si on continue comme ça, à rendre très difficiles des choses au total simples (stressantes mais simples), on ne va pas tenir ni les uns, ni les autres, ni notre organisation. »

Le 24 octobre 2019 se tient la réunion dite « feuille de route » pour l'année à venir du département des Affaires publiques « GOV ». L'occasion de s'accorder avec « EXE » sur les objectifs de « GOV » et les moyens pour y parvenir. La discussion s'engage et très vite, à mon initiative, nous entrons dans le vif du sujet.

« Michaël, je pense qu'il est urgent de clarifier les rôles et missions de chacun. Il faut redéfinir et préciser les périmètres d'actions du département "GOV", notamment vis-à-vis du "CAB", ton service. Tu es directeur de cabinet. Il n'est plus possible que des dossiers qui relèvent normalement de notre département soient traités par le cabinet et qu'à l'inverse, nous accomplissions des missions que ne remplit pas le cabinet pour tenter d'enrayer l'inaction, et donner le change vis-à-vis de l'extérieur.

– Mais, Sébastien, tu sais très bien que, dans les faits, je ne suis pas directeur de cabinet. »

Cette phrase lâchée sans filtre sonne comme un aveu. Michaël Aloïsio, directeur de cabinet en titre reconnaît ne pas être directeur de cabinet.

Étienne Thobois, qui assiste à la scène, se découvre un intérêt soudain pour ses chaussures, qu'il contemple de longues minutes. La réunion tourne court. Rien n'en sortira, si ce n'est peut-être, dans l'esprit de Michaël Aloïsio, que je deviens un problème.

Si l'information se répand que le COJOP n'a pas de *vrai* directeur de cabinet en la personne de Michaël Aloïsio, au moins l'organisation peut compter, organigramme à l'appui, sur Étienne Thobois comme *vrai* directeur général. C'est rassurant, croit-on. Or, le 23 janvier 2020, à la fin de la cérémonie des vœux de la ministre des Sports, Étienne Thobois, alors que j'évoque sa passivité la veille, lors de mon entretien de licenciement avec Tony Estanguet, lâche :

« Mais Seb, qu'est-ce que tu voulais que je fasse pour sauver ta peau ? Tu sais très bien que je ne suis pas directeur général, en vrai. »

Décidément, ça commence à faire beaucoup. De l'aveu même des principaux intéressés, le COJOP n'a donc ni de vrai directeur de cabinet, ni de vrai directeur général. Si ça, ce n'est pas un problème de gouvernance… Ce non-partage des responsabilités, au plus haut niveau de notre organisation, est anxiogène en interne et se répercute sur les équipes.

Personne ne sait plus qui est responsable de quoi et qui décide. Le faux-vrai « directeur de cabinet » se meut en vrai-faux « directeur général », quand le faux-vrai « directeur général » s'efface en silence au profit du vrai-faux… bref, à y perdre la tête. Signe de l'extrême confusion. Dans ses conclusions devant le conseil des prud'hommes visant à démontrer que « contrairement à ce qu'affirme M. Chesbeuf, la gouvernance de Paris 2024 est très claire, claire comme de l'eau de roche », même l'avocate du COJOP se prend les pieds dans le tapis et parle de Michaël Aloïsio comme du « directeur général ». CQFD.

Le 14 novembre 2019, je déjeune en tête-à-tête avec Michaël Aloïsio, à son initiative. Nous nous retrouvons à La Pépinière, brasserie non loin du siège du COJOP. Sans être devin, il est fort à parier qu'il souhaite revenir sur notre réunion feuille de route « GOV » qui, trois semaines plus tôt, a tourné au vinaigre. J'en profite pour lui redire mes inquiétudes sur notre organisation et les risques inhérents. Je vais droit au but et le questionne sur les raisons qui les ont poussés à transformer son titre de directeur général adjoint, pendant la phase de candidature, à celui de directeur de cabinet du COJOP qui, de son propre aveu, ne correspond en rien à ses fonctions réelles.

« C'est Tony, me dit-il. C'est Tony qui ne voulait plus que je dépende hiérarchiquement d'Étienne. Il voulait que je sois directement rattaché à lui. »

Vrai ou faux, je ne le saurais jamais. Ce qui est certain en revanche, c'est que cet aménagement, s'il parasite l'ensemble, convient parfaitement à Michaël Aloïsio. Il fait ce qu'il veut et n'a apparemment de comptes à rendre à personne, pas même à Tony Estanguet, ni non plus au Comité des rémunérations (COREM) lorsqu'il s'octroie une augmentation de salaire de 53 % (passant de 150 000 à 230 000 euros bruts annuels) lors de sa prise de fonction au COJOP.

De toute façon, ce comité, chargé d'examiner la conformité des salaires avec les fiches de poste, est dans l'incapacité de le faire pour Michaël Aloïsio. Contrairement au président et au directeur général, il n'a pas de fiche de poste… Personne n'a jugé utile, lui encore moins, d'en établir une. Une exception. La Cour des comptes, dans son rapport provisoire de 2020 que certains journalistes ont pu consulter, le formulera ainsi : « Cette rémunération, qui aurait pu être fondée sur une fiche de poste qui n'a pas été établie, n'a pas été examinée et donc validée par le COREM, contrairement à celle du président et du directeur général. »

C'est précisément ce qui motive la Cour, dans son rapport définitif, fin 2020, d'enjoindre le COJOP à remédier dès que possible à cette incongruité : « Recommandation n° 1 : Privilégier le rattachement de l'ensemble des directeurs au directeur général. Faire valider la fiche de poste et la rémunération du directeur de cabinet par le COREM. »

« EXE » mettra trois ans à se conformer à cette recommandation. Le 2 juin 2023, sous la pression du nouveau rapport de la Cour des comptes qui doit tomber en juillet, Tony Estanguet et Étienne Thobois adressent un mail à l'ensemble des salariés : « Nous tenions à vous faire part d'une évolution organisationnelle au sein de la Direction exécutive, Michaël devient directeur général délégué... Cette évolution nous a semblé plus en adéquation avec ses responsabilités et avec la chaîne de décision. »

Pour tenter de donner l'image d'une gouvernance partagée, le COJOP se dote assez rapidement d'un Comité exécutif, le COMEX, lequel réalise l'exploit d'aggraver la situation. Ainsi, Guy Drut, ancien ministre des Sports, membre du CIO, pourtant « conseiller stratégique » en titre du COJOP, n'est pas convié aux réunions du Comité exécutif. Pas davantage Thierry Rey, conseiller spécial de l'organisation. Bernard Lapasset, devenu président d'honneur de l'organisation, est quant à lui convié, mais pas, ou peu, consulté.

Difficile d'écarter ces trois figures emblématiques du sport français de l'organisation, mais en même temps aucune envie de leur donner un quelconque pouvoir stratégique. Le message est clair : on ne peut pas faire sans vous, mais on ne veut pas faire avec... On est loin du *Made for Sharing* (« Fait pour partager ») qui fut la promesse de campagne du comité de candidature. Rien ni personne ne doit perturber les affaires du triumvirat.

Ainsi, le COMEX, qui devait être un organe décisionnel, sera une simple chambre d'enregistrement des décisions déjà prises par le trio de l'exécutif.

Les conséquences de cette gestion autocratique retombent sur les équipes. Nombre de directeurs ne manqueront pas de s'en émouvoir. Jamais toutefois à voix haute, ni directement auprès de Tony Estanguet, Étienne Thobois ou Michaël Aloïsio, les risques de représailles pourraient être trop grands. Les directeurs endurent, dans l'ombre.

Le 28 octobre 2019, alors que Fabrice Lacroix, le directeur des Affaires financières, travaille sur l'impact budgétaire du « concept des Jeux », c'est-à-dire la cartographie des sites de compétition, je l'informe que je suis preneur des résultats de son étude car j'anime l'après-midi même une réunion avec les collectivités locales concernées. Il m'adresse la réponse suivante : « EXE m'a demandé à avoir la primeur des données communiquées cette nuit… j'en peux plus de ce fonctionnement. »

En novembre 2018, Maïa Wirgin, ma directrice d'alors, m'écrit : « Je vais craquer. » D'autres SMS, nombreux, témoignent de ces dysfonctionnements. Le 8 janvier 2020, une responsable du service communication, sur ces mêmes et régulières tergiversations de l'exécutif, les parodie : « Ah mais non, mais oui, mais non j'avais dit ça mais il fallait comprendre l'inverse. » Le 9 mai 2019, Stéphane Fievet, le directeur des Affaires culturelles, alors qu'il me questionne et que ma réponse est claire et directe, à la différence de l'exécutif sous-entend-il, lâche : « Ah, enfin quelqu'un qui décide. » Ou encore Anne Descamps, la directrice de la communication, en mai 2019 : « Ça me fatigue… je suis folle de rage… j'essaie de redescendre en température… c'est lunaire. »

Pas étonnant alors que, dans son rapport de 2023, la Cour des comptes insiste sur « la nécessité pour le COJOP (après cinq années d'exercice) de mettre en œuvre, dans l'organisation qu'il a choisie et qui relève de sa responsabilité, des processus de décisions lisibles et efficaces dans une phase opérationnelle qui exige clarté et réactivité ».

Quelle est-elle d'ailleurs, cette « organisation » que le COJOP « a choisie et qui relève de sa responsabilité » ?

Aussi étonnant que cela puisse paraître, c'est sous la forme juridique d'une association de droit privé que l'organisation s'est constituée en décembre 2017. Une association régie par la loi de 1901. Ce statut inattendu semble surprendre jusqu'à la Cour des comptes qui, dans son rapport du 2 mars 2021, écrit : « La Cour des comptes prend donc acte du choix d'un statut associatif. » La Cour ne valide, ni ne souscrit à ce statut, elle en « prend acte ». Quiconque connaît un peu le langage « diplomatique » de la Cour des comptes notera la nuance. Loin de valider ce choix, en réalité elle le réprouve : « Le niveau des concours publics (avantages fiscaux, garanties accordées par l'État, financement public, prise en charge des questions de sécurité) aurait justifié la création d'un groupement d'intérêt public, comme cela a été le cas, avec succès, pour le comité de candidature… Cela aurait conduit à des règles de gouvernance et de contrôle plus en rapport avec ces engagements publics. »

En effet, pourquoi, alors que tout justifiait que le COJOP reste, comme en phase candidature, sous forme de GIP (Groupement d'intérêt public), s'est-il mué en association privée loi 1901 ?

Tony Estanguet, Étienne Thobois, Michaël Aloïsio, Fabrice Lacroix et d'autres répondront qu'étant financé à plus de 95 % par de l'argent privé, le choix d'un statut associatif de droit privé devenait logique, et que rien ne justifiait la préférence du statut de Groupement d'intérêt public. Ou encore qu'au regard des impératifs de réactivité imposés par l'organisation d'un tel événement, dans un temps restreint, seul le statut associatif offrait l'agilité et la souplesse nécessaires pour livrer dans les temps.

Jamais en revanche ils ne diront que grâce à ce statut associatif, ils s'exonèrent pour partie du contrôle drastique que la Cour des comptes, comme le contrôle général économique et financier de Bercy, réservent aux établissements publics. Le COJOP est certes soumis au contrôle économique et financier de l'État, mais, du fait du statut associatif, la mission des contrôleurs généraux est réduite à son strict minimum. Ces derniers étant invités à émettre un avis préalable aux projets de marchés de travaux d'un montant supérieur ou égal à 10 millions d'euros HT et de marchés de services, études, maîtrises d'œuvre et fournitures dont le seuil atteint ou dépasse 1 million d'euros HT…

Les conséquences de ce choix statutaire sont donc, aux dires de la Cour, loin d'être neutres sur les règles de contrôle applicables au COJOP. Elles ne le sont pas moins d'ailleurs sur la rémunération de son président, Tony Estanguet.

Chapitre 5

Ce très cher Tony

Paris 2024 est donc une association. Banal en France, mais inhabituel pour une telle organisation. Et faire rentrer la rémunération de son président, Tony Estanguet, dans le droit associatif français, a nécessité le plus fin des chausse-pieds juridiques et de nombreuses réunions. En toute discrétion. La France reste un pays qui n'a pas prévu qu'un président d'association puisse gagner plus de 300 000 euros par an… Alors, pour payer son président à ce tarif, il a fallu inventer un statut original : le président-prestataire. Ce statut original est-il légal ? Les magistrats se posent la question.

Juin 2023 est déjà chaud et humide. Le bas du boulevard Montparnasse s'éponge dans un bain de vapeur. Nous nous sommes abrités des regards à l'intérieur du Standard, une brasserie confortable de l'artère parisienne. Mon interlocuteur aligne les données financières. Un flot d'informations qu'il faut ranger à la volée, sans prendre de notes car, la première fois qu'une « source » vous parle, on est comme un urgentiste. Avant tout diagnostic, on soutient son regard tandis qu'une main prend son pouls, pour le garder avec soi.

« On voyait passer des marchés de plus d'un million d'euros, mais toujours avec des dossiers incomplets, avec des documents partiels. Alors on établissait une note demandant des précisions. Et il en manquait souvent. Pourquoi telle société serait choisie alors qu'on ne trouvait pas tel document répondant au cahier des charges ? Dans ce cas, on sait d'expérience que la boîte attributaire est déjà choisie. Avant même le lancement du marché. Alors, le dossier repartait et on ne le revoyait plus. Au bout d'un moment, il devenait clair que le marché en question avait été découpé en tranches, pour passer sous le million d'euros et échapper à tout contrôle. C'est comme sur l'affaire du salaire d'Estanguet, quel pataquès pour que finalement il soit payé en factures. En tout cas, notre curiosité nous a coûté un coup de fil haut placé et l'activation de nos sièges éjectables par notre propre hiérarchie… »

Interloqué, je n'ai pas entendu la suite.

« Donc Tony Estanguet n'est pas salarié de Paris 2024 ?

– Non, il facture. Cela n'a pas été ébruité. Ils voulaient le salarier mais ça s'est avéré impossible. En France, aucun président d'association n'est salarié à 270 000 euros annuels.

– Vous êtes en train de me dire que Tony Estanguet facture sa prestation de président. Qu'il est une sorte d'intermittent du spectacle qui signe lui-même les factures qu'il émet ?

– Le Comité des rémunérations s'est penché dessus, on nous a dit que c'est légal. »

En 2017, *Le Canard enchaîné* révèle les salaires des principaux dirigeants de Paris 2024, 270 000 euros annuels bruts pour le président Tony Estanguet, 10 000 euros de moins pour Étienne Thobois, le directeur général, et ainsi de suite en descendant l'échelle des fonctions de direction. À l'origine, les dirigeants de Paris 2024 souhaitaient approcher le demi-million d'euros. Leur référence ? Les salaires des Jeux de Londres 2012 : 450 000 euros pour Sebastian Coe, le patron.

Mais, pour l'Assemblée nationale, dont une commission est chargée de caler la création du comité d'organisation de Paris 2024, le montant de ces salaires paraît exorbitant. Les rémunérations sont donc revues à la baisse. 270 000 euros bruts annuels semblent le point d'équilibre. Avec cependant des lots de consolation : 20 % de part variable annuelle et 10 % de prime de rétention, versée à la fin des

Jeux[1]. Problème : lorsqu'elle valide ce montant, la commission de l'Assemblée nationale ignore que Paris 2024 existera sous la forme d'une association.

Au printemps 2018, le COJOP déploie ses ailes et ses premières fiches de salaire pour des montants de 15 000 à 22 000 euros mensuels concernant les principaux dirigeants. Ils ne sont encore que quelques salariés. Mais une alerte est lancée en interne. En France, les rémunérations des dirigeants d'association sont très encadrées. Le site du ministère de l'Intérieur est formel : un dirigeant d'association ne peut percevoir plus de 11 592 euros bruts mensuels, soit 139 104 euros annuels[2]. À peine la moitié de ce que le président de Paris 2024 estime valoir. Et encore, l'association doit justifier de quatre années d'existence[3].

Paris 2024 interroge l'Urssaf et la réponse est formelle : Tony Estanguet ne peut pas être président et salarié au-dessus de ce montant. C'est illégal. Cela contreviendrait au principe de gestion désintéressée des dirigeants d'associations loi 1901. En clair, un président d'association ne doit pas exercer son mandat dans un souci de gains financiers. Échauffements

1. Procès-verbal du Conseil d'administration de Paris 2024, 2 mars 2018 ; Rapport agence française anti-corruption, janvier 2021.

2. Montants légaux 2024.

3. Service-public.fr

et remous en interne. Personne n'avait imaginé cet écueil. Que faire ?

Certains « vieux Jeux » auraient pu dire : « Bon, pour le bien de la mission, n'en faisons pas une affaire d'argent. Va pour 11 592 euros bruts. » Ces mêmes « vieux Jeux » auraient peut-être remarqué qu'il s'agit d'émoluments supérieurs à ceux d'un ministre (10 490 euros bruts mensuels) et qu'ils sont garantis six ans, soit un bail beaucoup plus long que la moyenne des jobs ministériels. Jean-Claude Killy, autre légende olympique (trois médailles d'or aux JO d'hiver de Grenoble en 1968) et qui a pourtant longtemps baigné dans le business chez Coca-Cola et Amaury Sport Organisation entre autres, avait fait le choix radical de ne pas toucher un centime des Jeux olympiques d'Albertville 92, qu'il avait organisés et réussis. Le genre « vieux Jeux ».

D'un autre point de vue, grâce à une rémunération « motivante », sans doute « Tony Estanguet président » pense-t-il éviter que « Estanguet Tony prestataire » soit la proie de chasseurs de têtes ? Et ce, même s'il n'a alors aucune expérience en matière d'organisation de grands événements sportifs.

Paris 2024 engage un cabinet d'avocats spécialisé pour trouver la clé juridique à ce problème. Le Comité des rémunérations (COREM), présidé par l'ancien PDG de la RATP et de La Poste Jean-Paul Bailly, mettra le sujet à son ordre du jour pendant deux ans, en 2018 et 2019. Dans ses comptes rendus, on relève que le COREM se fait du souci pour Tony. « La situation de Tony doit être réglée au plus vite, mais Tony ne doit pas y perdre[1]. » (*sic*)

Pour se rassurer, le comité s'appuie sur une étude qui indique qu'avec 360 000 euros bruts annuels (toutes primes incluses), le salaire du président de Paris 2024 se situera dans la moyenne européenne des dirigeants de grands événements. Ce salaire, trop haut pour la loi 1901, est monnaie courante ailleurs. En Suisse, le directeur général du Comité international olympique, Christophe De Kepper, ne bronche pas car il pointe à plus d'1,3 million d'euros annuels[2]. Tout dépend donc si l'on regarde la situation depuis la vitre du RER (quand il roule), d'un balcon boulevard Haussmann ou d'une terrasse avec vue sur le lac Léman.

Le cabinet d'avocats Bredin-Prat, engagé par Paris 2024, travaille et défriche le chemin que nous avons emprunté en vérifiant cette information. Il produit des notes. L'association Paris 2024 n'est pas « à but non lucratif » puisqu'elle vend notamment des prestations de sponsoring et des billets. Il s'agit d'une sorte d'entreprise mais sous forme

1. Compte rendu du COREM Paris 2024, 24 janvier 2019.
2. « Exclusive : Details of IOC top managers'pay revealed in US tax document », Insidethegames.biz, 3 octobre 2023.

d'association, à but lucratif. Seule nuance : elle ne peut pas redistribuer de bénéfices.

Dans ce cadre, la société de Tony Estanguet peut donc légalement facturer ses prestations de président à l'association présidée par Tony Estanguet et lui assurer 270 000 euros bruts ? Non, car l'entreprise Tony Estanguet paie des charges patronales. Le Comité des rémunérations s'est donc assuré qu'une parfaite règle de trois appliquerait les majorations nécessaires pour que le président retombe sur ses « patates ». Dans une note interne, le COREM note même que Tony Estanguet revient moins cher en prestataire qu'en salarié (301 952 euros versus 373 896 euros)[1].

Mais le problème est ailleurs. En novembre 2023, *Le Canard enchaîné* le dit ainsi : « Tony Estanguet effectue des prestations "non commerciales" pour le compte du COJOP, et les lui facture. Aussitôt, Estanguet Tony valide les factures et ordonne qu'elles soient réglées[2]. » Il souligne que le Comité des rémunérations n'est que consultatif et que tout est validé en dernier ressort par le Conseil d'administration de Paris 2024, présidé par… Tony Estanguet. À l'époque, personne ne le sait encore, mais le Parquet

1. Note du Comité des rémunérations Paris 2024, janvier 2019.

2. « Estanguet mal payé », *Le Canard enchaîné*, 1er novembre 2023.

national financier dresse les oreilles sur ce cas. Il semblait attendre simplement une publication dans la presse car, selon nos informations, il avait reniflé cette piste depuis un moment déjà.

Plusieurs avocats de référence dans le domaine du droit associatif analysent ce montage comme légal. Selon eux, si elles restent dans les limites du droit, ces factures visant à exercer un mandat de président posent toutefois un problème éthique et moral quant à l'esprit associatif et aux principes de gouvernance et de contrôle en France. L'Agence française anti-corruption juge quant à elle que ce montage est « atypique dans le cadre d'une association de loi 1901 et n'est pas sans poser des difficultés[1] ».

Une bonne illustration de ces « difficultés » réside dans la part variable, les bonus de ce cher Tony. Pour obtenir les 20 % annuels sur objectifs et les 10 % de rétentions, versés après les Jeux, il doit remplir des conditions. Or, elles sont seulement visées par le Comité des rémunérations que l'association de Tony Estanguet a constitué : critères économiques et financiers, gestion de projets, esprit d'équipe[2].

Si ces « objectifs » sont atteints, il touchera donc des bonus équivalents à 60 000 euros annuels en

1. Rapport de l'Agence française anti-corruption, février 2021.

2. Compte rendu du Comité des rémunérations, 25 février 2019.

plus de ses 270 000 fixes. Soit 330 000 euros bruts (et 200 000 euros de prime de rétention fin 2024). Pour être précis, en 2018, la première année d'application de cette part variable, le Comité des rémunérations constate que tous les objectifs sont atteints à 100 %, mais que seuls 85 % de la part variable seront versés, pour rester dans la moyenne de l'ensemble des directeurs du COJOP Paris 2024[1].

Pour juger par exemple le niveau d'« esprit d'équipe », une enquête « d'engagement des collaborateurs » est lancée en interne. Les résultats « d'engagement » étant jugés bien supérieurs à la moyenne nationale (88 % contre 71 %), le Comité des rémunérations estime que 100 % des objectifs du président Estanguet sont remplis dans ce domaine. Sur quoi se base ce Comité des rémunérations ? Uniquement sur des documents fournis par Paris 2024, donc par les salariés qu'il doit évaluer. À tel point que dans un compte rendu du Comité des rémunérations, on lit ceci : « Paris 2024 rappelle qu'il tient à la disposition des membres du COREM l'ensemble des documents attestant de l'atteinte effective des objectifs[2]. »

Pourtant, une solution existait. Elle évitait toute cette dépense d'énergie et de frais. Si Paris 2024

1. *Ibid.*
2. *Ibid.*

s'était constitué en Groupement d'intérêt public (GIP), le problème ne se serait pas posé. Tony Estanguet et les autres hauts cadres du COJOP auraient même pu être payés plus cher. C'est d'ailleurs sous cette forme, mi-publique mi-privée de GIP, que toutes les grandes manifestations sportives, comme récemment la Coupe du monde de rugby, sont constituées.

Cette forme était naturellement prévue par l'Assemblée nationale dans les documents que nous avons pu consulter. Et ce sont précisément les dirigeants de Paris 2024 qui ont poussé pour une association et non un GIP. Alors pourquoi ? Il n'existe qu'une seule différence entre un GIP et une association à but lucratif qui vend ses services comme Paris 2024. Cette différence, la voici : un GIP est sous le contrôle direct de l'État et toujours présidé par un haut fonctionnaire, généralement un préfet. Il est le grand patron, le responsable des aspects légaux, financiers et sécuritaires. Il engage sa responsabilité juridique sur chaque contrat, chaque marché, chaque décision stratégique. En général, il refuse de signer tout ce qui lui semble légalement approximatif, imprécis, douteux ou qui présente un risque sur le plan de la sécurité.

Au diable les contraintes quand vous présidez une association ! Il y a bien sûr des commissaires aux comptes, les comités des rémunérations et d'éthique, « composés des personnalités les plus qualifiées du pays[1] », comme nous le précisera Michaël Aloïsio, directeur général délégué de Paris 2024. Mais c'est l'association que préside Tony Estanguet qui installe les comités chargés de contrôler la gestion de… Tony Estanguet. Ils rendent des rapports, donnent des avis, ils ne décident pas, ne contraignent pas.

Cet extrait de procès-verbal du Comité des rémunérations d'octobre 2019 témoigne de cet entre-deux. Le COREM clôt à ce moment-là le dossier de la rémunération du président de Paris 2024, après plus d'un an de sueur. Le patron des Jeux n'est plus du tout dans la situation de salarié révélée en 2017 par *Le Canard enchaîné*. Le Comité des rémunérations de Paris 2024 va-t-il opter pour la transparence ? Voici sa réponse : « Les membres du Comité des rémunérations se posent la question de savoir si la rémunération du président doit être communiquée publiquement. Les membres du Comité indiquent qu'il ne leur semble pas nécessaire d'être proactifs dans la communication de ces informations. Cependant, il est important de disposer d'informations fiabilisées, prêtes à être diffusées dans le cas où cela s'avérerait nécessaire[2]. » Traduisons-le par : les gens n'ont pas besoin de savoir que le pré-

1. Entretien avec Michaël Aloïsio, 4 novembre 2022.
2. Compte rendu du 9e Comité des rémunérations, 3 octobre 2019.

sident de Paris 2024 facture parce qu'il ne peut pas être payé 270 000 euros annuels en salaire. Mais préparons des arguments et des éléments de langage au cas où il y aurait une fuite.

Au bout de tous les comptes, c'est bien Paris 2024 qui contrôle Paris 2024. Les risques de ce type de gouvernance apparaissent quelques mois plus tard, en juin 2023, quand les brigades financières, sur mandat du Parquet national financier, perquisitionnent le siège de Paris 2024 et les domiciles de plusieurs de ses principaux dirigeants, dont le directeur général. Le 6 février 2024, l'AFP révèle que le PNF a ouvert une enquête préliminaire sur les conditions de rémunération de Tony Estanguet. Les sources du *Canard enchaîné* corroborent cette information le lendemain. Le PNF, lui, ne souhaite pas confirmer, mais ne dément pas.

Dans ce montage complexe et même alambiqué, les magistrats s'intéresseraient à un aspect qui est peut-être passé sous les radars des avocats. Tony Estanguet, président de Paris 2024, est avant tout un fonctionnaire du ministère des Sports en disponibilité, c'est-à-dire en congé sans solde. Dans ce cadre, a-t-il le droit de diriger une société, qui de plus facture à une association ? Pour le PNF, la question mérite apparemment d'être posée, nous confirme une source proche du dossier. Un fonctionnaire ne peut prendre une disponibilité supérieure à cinq ans.

Voilà qui tombe bien. La société de Tony Estanguet qui facture à Paris 2024 a été créée en 2020. Mais comment a-t-il été rémunéré en 2018 et 2019 ? Pour le PNF, cette question-là mérite apparemment d'être posée aussi.

C'est la quatrième enquête (voir chapitre 10) visant les plus hauts dirigeants du Comité d'organisation des Jeux. Nous ne trancherons pas sur la légalité de la démarche qui a conduit à cette curiosité de président-prestataire. Le constat cependant est que Paris 2024 s'est engagé sur un terrain glissant. Sans piétiner la présomption d'innocence dont bénéficient toutes les personnes visées par ces enquêtes, à commencer par Tony Estanguet, voici quand même une sacrée épine dans la chaussure de tout ce barnum éthico-associatif et dans l'éternelle basket blanche de son président.

Ils avaient érigé au rang de slogan « Les Jeux exemplaires ». Ils pourraient effectivement devenir un passionnant exemple juridique et judiciaire à étudier. Une nouvelle fois, l'image des JO risque d'en ressortir écornée. Bien avant que la flamme s'allume à Paris, le doute plane au-dessus des Jeux du Centenaire.

Chapitre 6

Le COJOP ou l'art du cavalier seul

Sébastien Chesbeuf

Lima, 13 septembre 2017. Le Comité international olympique choisit la capitale du Pérou pour officialiser l'attribution des Jeux à Paris en 2024 et à Los Angeles en 2028. Ce rendez-vous solennel marque la fin d'une histoire. Celle de l'union sacrée entre mondes sportif et politique qui a valu à Paris de convaincre le CIO. Lima est un point de rupture, un basculement. Après Lima tout volera en éclats. Pourtant les protagonistes s'accordent un répit avant la guerre des clans.

La fête bat son plein chez Astrid & Gaston, le restaurant gastronomique et emblématique de la capitale péruvienne que la délégation française a choisi pour célébrer la victoire. Le champagne coule à flots. Les grands sponsors de Paris 2024 sont là, Accor Hôtels, Engie, Bouygues, Vivendi, ADP, LVMH, Orange, Air France... Et tout ce beau monde a très bien mangé, parole de chef étoilé. Alain Ducasse a fait le déplacement jusqu'au Pérou avec, dans ses valises, pâtés en croûte et chocolats *made in France*. Guy Drut et Anne Hidalgo se laissent même aller à un rock endiablé sur « Mambo number 5 » de Lou Bega.

À Paris, ce déplacement à Lima de la délégation française et cette soirée festive sont l'occasion des premières polémiques. « Le grand oral de Paris 2024, à Lima, au Pérou, pour l'accueil des Jeux olympiques a laissé une jolie ardoise : 1,5 million d'euros. Hôtel cinq étoiles, meilleur restaurant du pays, avion spécial, etc. : l'imposante délégation française présente ne s'est privée de rien[1] », publiera ainsi *Mediapart*.

Souffrons qu'après quatre candidatures infructueuses et un siècle d'attente depuis les Jeux de Paris en 1924, *Paris vaut bien une fête*. Une belle fête. Mais, sitôt la victoire acquise, les « jeux de pouvoirs » vont reprendre leur droit. « Les manifestations de joie ne sont pas encore retombées que les acteurs de la candidature pensent déjà à la suite. Avec le désir d'y jouer chacun un rôle important[2] », résume le journal *L'Équipe* daté du lendemain.

Après « l'épreuve collective » imposée au ticket Hidalgo-Estanguet par la campagne et les attentes du CIO, place aux épreuves individuelles. Comme un retour aux sources pour Tony Estanguet et Anne

---

1. Antton Rouget, « Paris 2024 : les millions s'envolent déjà », *Mediapart*, 26 septembre 2017.
2. « Jeux de pouvoir », *L'Équipe*, 14 septembre 2017.

Hidalgo, le premier plus habitué à la solitude de son canoë monoplace, la seconde à l'aventure en solitaire que commande un destin politique.

En bon « animal politique », Anne Hidalgo n'est jamais meilleure, ni plus à l'aise qu'en campagne. Carte maîtresse de la candidature, elle a su y déployer tous ses talents de séduction, ses sourires, ses prises de paroles en espagnol à la tribune, ses complicités avec certains membres du CIO. Les conseils prodigués par ses *Spin doctors* olympiques, Guy Drut et Jean-Claude Killy, ont été parfaitement entendus et appliqués. Mais voilà, la campagne est finie. On valorise la victoire. Elle s'en attribue certains mérites. C'est juste et légitime, mais c'est le clap de fin.

Les inquiétudes naissent donc de la victoire, à présent que s'ouvre la phase d'organisation. Une question taraude alors l'édile de Paris : quelle sera sa place ? Comment pourra-t-elle continuer à être présente, à occuper l'espace médiatique dans ce dossier alors que nous entrons dans une nouvelle phase ?

Quiconque connaît un peu le milieu politique sait que pour tout responsable, élu ou non, quel que soit son statut ou son rang, de maire à ministre, rien n'importe plus que d'exister. Médiatiquement. Anne Hidalgo ne fait pas exception à la règle.

Aussi, à peine rentrée au pays, la délégation française est conviée par *Madame la Maire* à l'hôtel de ville de la capitale victorieuse, *chez elle*, pour assister au conseil de Paris. Conseil qu'elle préside bien sûr. Façon subtile, déjà, de tirer la couverture à elle et de préempter la suite. Le binôme Estanguet-Hidalgo, hier uni, main dans la main dans un objectif commun, aujourd'hui s'observe, se renifle, et affûte les armes.

Nous sommes à un moment clé de l'organisation des Jeux. Celui où « l'Esprit de Lima » – formule consacrée pour qualifier « l'Union » durant la campagne – si dur à construire peut voler en éclats en un instant. Pour ne pas laisser s'envenimer la situation et la relation avec Anne Hidalgo, il faut crever l'abcès, jouer cartes sur table. C'est la conviction profonde de Guy Drut. Après discussions, je prends l'initiative d'en parler à Tony Estanguet :

« Tony, tu as un truc très important à faire. Il faut que tu voies rapidement Anne Hidalgo les yeux dans les yeux et que tu la rassures. Il faut que tu lui dises : Anne, je sais quelle est ton inquiétude aujourd'hui. Je sais que tu crains de disparaître du devant de la scène. Sois rassurée, j'ai besoin de toi et je te garantis que, sur un certain nombre de sujets comme l'olympiade culturelle, tu auras toute ta place et que tu pourras continuer à surfer sur les sujets porteurs et positifs des Jeux. »

Cette conversation les yeux dans les yeux avec Anne Hidalgo, Tony Estanguet, peut-être par indifférence, par dédain, ou par peur, ne l'aura jamais.

Un, en revanche, l'a eue. C'est Jean Castex, fraîchement nommé en septembre 2017 délégué interministériel aux Jeux olympiques et paralympiques. Jean Castex, ex-secrétaire général adjoint de l'Élysée, doté d'un sens politique aigu, a parfaitement saisi l'enjeu du moment et les inquiétudes qui minent Anne Hidalgo. Il va donc prendre soin de la rassurer. Elle continuera à jouer pleinement un rôle de premier plan, foi de Jean Castex.

À partir de là, les relations entre Anne Hidalgo et Jean Castex seront excellentes, tandis que celles avec Tony Estanguet seront tendues. Soucieuse de garder la main sur l'organisation, la maire de Paris n'aura de cesse de vouloir s'immiscer, de façon plus ou moins heureuse, dans tous les dossiers, sur tous les sujets. Deux mois à peine après Lima, elle se fixe pour objectif de « déboulonner » Étienne Thobois du poste de directeur général. Elle s'en est toujours méfiée. Guy Drut et moi tentons vainement, lors d'un échange dans son bureau de l'Hôtel de Ville, de l'en dissuader. Peine perdue.

Elle impose ainsi, en décembre 2017, une procédure de recrutement d'un nouveau directeur général. Après appel à candidatures et mise en concurrence, pas moins de soixante et un candidats postuleront, dont Amélie Oudéa-Castéra qui, ironie du sort, n'est pas retenue pour le poste, mais deviendra quelques mois plus tard ministre de l'Éducation nationale, de la Jeunesse, des Sports, des Jeux olympiques et paralympiques.

Résultat, sur les soixante et un postulants, aucun, selon Tony Estanguet, ne fait le poids face à Étienne Thobois qui, au terme de la procédure, est reconduit dans ses fonctions.

1 pour Estanguet 0 pour Hidalgo.

Première passe d'armes. D'autres suivront, nombreuses, dont l'une des plus médiatisées et ravageuses au printemps 2019 : la tentative de Tony Estanguet de signer le groupe pétrolier Total comme sponsor premium de Paris 2024. Tentative qu'Anne Hidalgo prendra un malin plaisir à faire avorter pour des raisons écologiques, mais surtout politiques. À moins d'un an des élections municipales de 2020 à Paris, hors de question pour la maire sortante de se mettre à dos ses alliés et soutiens écologistes.

1-1, la balle au centre.

Si ce rendez-vous manqué post-Lima sonne comme une rupture, le divorce entre Tony Estanguet et Anne Hidalgo marque aussi la fin de l'union sacrée entre le mouvement sportif et « les politiques ». Les intérêts vont diverger et les coups bas, petits ou grands, pleuvoir. C'est la fin de la confiance, le temps des premiers dévissages.

« Sébastien, tu ne sortiras pas de ce bureau tant que tu ne m'auras pas donné la liste des sports additionnels au programme des Jeux de 2024 ! »

Karim Herida, le directeur de cabinet de la ministre des Sports, Roxana Maracineanu, est furieux. Nous sommes le vendredi 15 février 2019. Dans six jours doit se tenir la conférence de presse durant laquelle Tony Estanguet révélera au monde entier les sports additionnels qu'il a choisi d'ajouter au programme officiel des Jeux de Paris 2024. À chaque édition des JO en effet, les organisateurs peuvent ajouter, à discrétion mais en nombre restreint, des sports qui ne figurent pas au programme officiel. Or en l'espèce, la ministre n'a pas été mise dans la confidence des sports choisis.

« La ministre des SPORTS ! » martèle Karim Herida. « Inacceptable » et « impensable » qu'elle découvre cette liste comme n'importe quel quidam lors de cette conférence de presse. Calé au fond du canapé en cuir noir de son bureau, je reste stoïque. Bien sûr, je connais la liste de ces sports. Mon interlocuteur le sait, mais je ne suis pas autorisé à la communiquer, « à quiconque », consignes expresses de mon exécutif. De Michaël Aloïsio, en l'occurrence. Pourquoi ? Parce que lui, comme ses deux compères d'« EXE », Tony Estanguet et Étienne Thobois, n'ont pas confiance. Ils ont peur que « ça fuite » avant l'annonce officielle et que l'effet « waouh » tant convoité tombe à l'eau.

Nous sommes dans une impasse et la position qui est la mienne est inconfortable. La relation de confiance que nous – département « GOV » – nous efforçons de construire, depuis des mois, avec nos parties prenantes, dont le ministère des Sports, vacille. Devant mon mutisme, qu'il a parfaitement compris et dont il aura l'intelligence, par la suite, de ne jamais me tenir rigueur, Karim Herida appelle Michaël Aloïsio. L'échange est bref, mais fructueux. « L'escalade, le surf, le breakdance, le skateboard », Karim Herida raccroche, se tourne vers moi et, médusé, conclut : « C'est dingue quand même, d'être obligé de te séquestrer pour obtenir ces informations. »

Cet épisode illustre le quotidien du département « GOV », celui des Affaires publiques : satisfaire à l'exigence d'« EXE » de garantir la confiance, l'adhésion et le soutien de l'État, du ministère des Sports, du département de Seine-Saint-Denis, de la Région Île-de-France, etc., sans être autorisé à leur partager aucune de nos informations ou de nos réflexions internes.

La confiance, ça se construit à deux. Mais « EXE » n'en a foncièrement pas envie. Il veut qu'on la lui accorde, mais surtout pas la donner en retour. Dans l'esprit du « *On ne peut pas faire sans* – les parties prenantes étant toutes membres du Conseil d'administration du COJOP – *mais on ne veut pas faire avec* », le triumvirat met très vite les politiques à distance parce qu'il s'en méfie. Ce n'est pas son monde, il ne le connaît pas. Il est convaincu que garder l'information pour lui, c'est garder le pouvoir.

Le Canard enchaîné du 11 novembre 2020 ne s'y trompe pas, quand sous la plume de Didier Hassoux, il s'inquiète d'un « État mis hors-jeux ». « Les dirigeants du Comité d'organisation des Jeux 2024 sont très transparents. Selon la Cour des comptes, leurs partenaires – État, Ville de Paris, département de Seine-Saint-Denis – n'ont que très rarement accès à toute la documentation nécessaire à la prise de décision. » Allez vendre du *Made for Sharing* après ça.

L'arrivée des sports additionnels au programme chamboule « le concept des Jeux », la carte des sites des épreuves. Il faut choisir les lieux où vont se dérouler le surf, l'escalade, le skateboard et le breakdance. Ces nouveaux sports attisent les convoitises. Très vite, la Seine-Saint-Denis se positionne pour les accueillir tous. Surf compris, envisageant même un temps la construction d'un bassin à vagues artificielles. Projet mort-né pour raison écologique. La Région Île-de-France n'est pas en reste, qui verrait bien le skateboard à Chelles en Seine-et-Marne.

S'engage alors, durant plusieurs semaines, un vrai casse-tête. Le concept entier est remis en question dans une valse des sites permanente. La carte devient des plus mouvantes. Certains sites arrêtés de longue date sont questionnés, challengés. Tout cela en catimini. Sans que la moindre bribe d'études réalisées en interne par le COJOP ne soit partagée, évoquée, ni discutée avec ses partenaires publics, à savoir les collectivités intéressées.

Ainsi, un temps, en clin d'œil aux JO d'hiver de 1924 à Chamonix, le COJOP envisage d'y organiser les épreuves d'escalade et de vélo tout-terrain (VTT). Cette option, si elle fait l'objet d'études approfondies et de discussions nourries avec Chamonix, n'a, en revanche, jamais été évoquée frontalement par le COJOP avec les élus d'Élancourt, ville des Yvelines qui doit pourtant accueillir l'épreuve de VTT. Ils le découvriront dans la presse. Tout comme les conseillers régionaux d'Île-de-France, sa présidente Valérie Pécresse en tête. Pour marquer le courroux de cette dernière, Vincent Roger, alors délégué régional en charge des JOP, m'informera « qu'à date, Valérie Pécresse n'a pas prévu d'assister à la prochaine réunion du COJOP, n'ayant jamais eu d'appel de Tony Estanguet ou contact sous quelque forme que ce soit pour lui parler d'Élancourt ».

Stéphane Troussel, le président du département de Seine-Saint-Denis, aura droit à davantage d'égards, quand le COJOP travaillera, des semaines durant, au transfert des épreuves de tir de La Courneuve, commune de Seine-Saint-Denis, vers Saint-Witz, dans le Val-d'Oise. Sans être associé à la réflexion, il sera informé par Tony Estanguet de cette « hypothèse de travail ». Au dernier moment, entre deux portes, mais informé.

Si les sites olympiques de volleyball, de surf, d'escalade, de VTT, de basketball, de badminton, de natation sportive... vont faire l'objet de tractations, polémiques et pour certains alimenter la chronique, celui des épreuves de tir n'est pas en reste. Prévu, dès la candidature, sur le terrain « des essences » de La Courneuve (ancien dépôt militaire d'hydrocarbures jusqu'en 2002), il est un des sites qui a le plus « voyagé ». De La Courneuve à Saint-Witz, de Saint-Witz à La Courneuve, de La Courneuve à... Châteauroux.

Arrêt sur image. 2018. Le COJOP est formel, les épreuves de tir se dérouleront sur le terrain des « essences » de La Courneuve. Selon les « experts olympiques » du COJOP, le site est parfait. Il répond en tout point au cahier des charges de la Fédération internationale de tir – conditions d'accueil des athlètes, des spectateurs, superficie, etc. S'engagent alors les opérations nécessaires à la dépollution des résidus d'hydrocarbures infiltrés dans les sols pour un montant de 12 millions d'euros.

2021. De retour des Jeux olympiques de Tokyo, ces mêmes experts paraissent préoccupés. Moins sereins. À peine rentrés, ils s'affairent à élargir les contours du site. Pourquoi ? Que s'est-il passé à Tokyo ? Se sont-ils rendu compte devant la superficie du site japonais que celui de La Courneuve était trop petit ?

La réponse vient de Nicolas Ferrand, le directeur général de la Société en charge de la livraison des équipements olympiques (SOLIDEO) : « Le COJOP s'est aperçu que c'était un peu serré par rapport à ce qu'on avait prévu depuis 2018[1]. » Un peu serré ? Léger euphémisme, il manque plus de trois hectares… Le COJOP se met en quête de les grappiller, par tous les moyens. Peine perdue. Malgré les efforts déployés, les obstacles administratifs ont raison de sa détermination. Le COJOP se résigne et tire définitivement un trait sur le site de La Courneuve, en Seine-Saint-Denis.

Personne n'informe Stéphane Troussel, le président de Seine-Saint-Denis, de cette décision. Il l'apprendra par la presse quand le Centre national du tir sportif de Châteauroux dans l'Indre, pourtant écarté en 2018 au motif qu'il cumulait trop d'inconvénients (distance de Paris, manque d'hébergements…), sera présenté comme l'hypothèse privilégiée par le COJOP.

« À ce stade, je veux croire à une maladresse des équipes de Paris 2024[2] », réagit d'abord Stéphane Troussel. Puis échaudé par la perte en 2020 des épreuves de badminton et de natation au pro-

1. « Paris 2024 : polémique autour du site devant accueillir le tir en Seine-Saint-Denis », *RFI*, 26 janvier 2022.

2. « JO 2024 à Paris : et si le tir quittait la Seine-Saint-Denis ? », *Le Parisien*, 20 janvier 2022.

fit de Paris et des Hauts-de-Seine, le président de Seine-Saint-Denis se fait plus virulent : « Je tiens à dire au Comité d'organisation des Jeux olympiques que, quand il y a des difficultés, on ne va pas chercher un plan B en dehors de ses partenaires[1]. »

Fin de non-recevoir du COJOP, qui passe outre et choisit Châteauroux. Oubliés les inconvénients de la distance de Paris, du manque d'hébergements… Embêtant, mais pas grave.

Ce qui l'est en revanche davantage, c'est que 12 millions d'euros ont déjà été investis dans la dépollution d'un terrain à La Courneuve qui, de fait, ne sert plus à rien pour les JO… Or, toute dépense d'argent public (c'est le cas ici) doit se justifier par un impératif « olympique ». Le COJOP doit *fissa* trouver une issue favorable, lui permettant de s'affranchir des 12 millions dépensés. Ce sera… le départ du paramarathon. La Courneuve aura bien son épreuve olympique, ou plus justement paralympique. « Petit » coup de chaud… 12 millions d'euros quand même.

Dès lors, le COJOP va être aux petits soins pour le nouveau site de Châteauroux. Il imagine une magnifique fan zone en centre-ville, réserve près de 500 chambres par jour, dans les hôtels alentour, sur toute la durée de la compétition…

1. Dorine Goth, « JO de Paris 2024 : Stéphane Troussel "déterminé" à ce que le tir reste en Seine-Saint-Denis », *actu.fr*, 26 janvier 2022.

Bref, élus, commerçants, restaurateurs, hôteliers de Châteauroux sont aux anges.

Puis, patatras, janvier 2024, la douche froide. « Le Comité d'organisation des JO annonce par e-mail aux professionnels qu'il n'a finalement plus besoin d'autant de chambres (...), qu'il en relâche près de 500 qu'il avait réservées pour chaque jour de l'événement et ce, sans indemnisation[1]. » Par « e-mail »... Voilà pour les hôtels.

Quant à la fan zone ? « Sous le poids du cahier des charges très lourd imposé par le Comité d'organisation des JO, ce n'était pas une bonne idée, on ne la fait pas et on passe à autre chose[2] », déclare le 8 janvier Gil Avérous, le maire de Châteauroux. *Exit*, elle aussi, la fan zone.

Châteauroux ne sera d'ailleurs pas la seule à pâtir de ces revirements du COJOP. Lille, ville hôte des tournois olympiques de handball et de basket, subira le même sort, avec l'annulation de « 2 000 nuitées par jour sur une dizaine de jours[3] ».

---

1. « JO 2024 : L'organisation annule sa réservation de 500 chambres à Châteauroux, colère des hôteliers », BFM-RMC, 1er janvier 2024.

2. « Jeux olympiques 2024 : il n'y aura finalement pas de fan zone à Châteauroux », France Bleu, 8 janvier 2024.

3. « JO Paris 2024 : Pourquoi le Comité d'organisation a annulé des milliers de chambres à Lille », *Le Parisien*, 22 janvier 2024.

Si les épreuves de tir avaient été promises dès 2018 au département de Seine-Saint-Denis – tout comme le badminton qui finira d'ailleurs à l'Arena porte de la Chapelle à Paris –, les compétitions olympiques de natation en ligne devaient également s'y dérouler. Épreuve phare des JO, partageant le podium avec l'athlétisme, la natation méritait bien la construction d'un nouvel équipement : le Centre aquatique olympique (ou CAO) à Saint-Denis.

Le 4 octobre 2018, le COJOP présente au Comité international olympique un concept « sites/sports » optimisé qui « sublime l'expérience des acteurs des Jeux, garantit l'héritage aux populations et réduit les risques de dépassements budgétaires[1] ». Le COJOP se targue de pouvoir s'appuyer sur 95 % d'équipements déjà existants (le Stade de France, Roland Garros, le Parc des Princes…) et précise que les 5 % restants à construire (le village olympique, le Village des médias et le Centre aquatique olympique) répondent à des « besoins pérennes pour les territoires et populations concernés[2] ».

Deux arguments majeurs plaident en faveur de la construction du complexe aquatique en Seine-Saint-Denis. Le premier : un enfant sur deux entrant en 6e ne sait pas nager. Le second : La France

1. Note interne, point d'étape de Paris 2024, 4 octobre 2018.
2. *Ibid.*

ne dispose pas de complexe aquatique permettant d'accueillir des compétitions de niveau mondial. L'occasion est trop belle de faire d'une pierre deux coups. Fort de ces arguments, le COJOP va les marteler.

D'abord évaluée à 90 millions d'euros par les « experts olympiques » de Paris 2024 (les mêmes qui, compas dans l'œil, s'étaient chargés du tir…), la réalisation du Centre aquatique olympique est chiffrée, en 2018, par l'Inspection générale des finances publiques à… 260 millions d'euros. Pas vraiment la même, du simple au triple [1] ! Mais, comme le rappelait en 2016 Francis Luyce, président de la Fédération de natation, « le Centre aquatique, attendu de longues années, sera un magnifique outil pour la France et la natation française qui pourront enfin accueillir des compétitions de niveau mondial[2] ».

Le COJOP s'engouffre, rappelant « qu'en configuration Jeux, toutes les épreuves aquatiques hors marathon 10 km seront organisées sur ce complexe aquatique (natation, natation artistique, water-polo et plongeon). (…) Le site, avec ses deux bassins,

1. « JO : est-il vrai que faute de piscine olympique à la capacité suffisante les épreuves de natation auront lieu dans un stade de rugby », *Libération*, 10 janvier 2024.

2. « Paris 2024 : le centre aquatique sera construit en face du Stade de France », *Le Point*, 8 juin 2016.

sera alors en mesure d'accueillir à terme de grandes compétitions internationales[1] ».

Bouygues, en avril 2020, remporte le marché pour… 174 millions d'euros. Le complexe tant attendu peut voir le jour. Fin de l'histoire ? Pas vraiment.

Janvier 2024, le journal *L'Express*[2] revient sur les lieux où se dérouleront les épreuves de natation à l'été 2024. Ce ne sera pas le Centre aquatique olympique de Saint-Denis, mais dans un bassin temporaire monté pour l'occasion à la Défense Arena à Nanterre. Certains s'en étonnent. La polémique enfle.

Le COJOP se fend alors d'un communiqué sur son compte Twitter (devenu X) : « Certains éléments erronés circulent en ce moment sur les épreuves de natation des Jeux de #Paris2024. Non les épreuves de natation des JO de Paris 2024 n'ont pas été déplacées du Centre aquatique de Saint-Denis à Paris la Défense Arena de Nanterre[3]. »

Faux. Les épreuves de natation ont bel et bien été déplacées du Centre aquatique de Saint-Denis à la Défense Arena Nanterre. Pas en janvier 2024,

1. Note interne, point d'étape de Paris 2024, 4 octobre 2018.

2. « L'Histoire secrète des Jeux olympiques », *L'Express*, 4 janvier 2024.

3. Post du compte Twitter Paris 2024, 10 janvier 2024, 12 h 17.

il est vrai – le COJOP joue sciemment sur ce malentendu –, mais en juillet 2019, lorsqu'Étienne Thobois, son directeur général, sollicite la Défense Arena à Nanterre pour savoir si elle est disposée à accueillir la natation.

Jusqu'à cette date, les épreuves étaient bien programmées à Saint-Denis au Centre aquatique olympique, comme en attestent le dossier de candidature de Paris 2024[1] et la note étape du 4 octobre 2018 : « En configuration Jeux, toutes les épreuves aquatiques hors marathon 10 km seront organisées sur ce complexe aquatique (natation, natation artistique, water-polo et plongeon). »

Mais lors du passage du projet de 260 millions d'euros à celui de 174 millions, il a fallu faire des sacrifices. La jauge spectateurs en est un. Initialement de 17 000 places, le Centre aquatique « format » 174 millions d'euros n'en compte plus que 5 300.

Cette révision à la baisse a eu pour conséquence – que le COJOP n'a pas ébruitée à l'époque, d'où la polémique – non seulement de rendre « impossibles les épreuves [olympiques] de natation en ligne, la Fédération internationale n'acceptant que les enceintes de plus de 15 000 places[2] », mais éga-

1. Dossier de candidature de Paris 2024, phase 3, tableau des sites, p. 62.

2. Rapport de la Cour des comptes 2023.

lement de réduire à néant toute velléité d'accueillir en France des compétitions de natation de niveau mondial. Pourtant, l'une des raisons premières à la réalisation de cet équipement.

N'était-ce pas ce que redoutait Guy Drut qui, dans le flou entourant alors cette question, interrogeait en mars 2022 son collègue du CIO et vice-président de la Fédération internationale de natation (FINA), Sam Ramsamy : « Peux-tu me dire s'il sera possible, post-JO 2024, d'organiser en France des Championnats du monde de natation au Centre aquatique olympique de Saint-Denis ? » Réponse embarrassée de l'intéressé : « Ce sera possible oui, pour les championnats du monde… de plongeon[1]. »

Conclusion : malgré 174 millions d'euros investis dans le Centre aquatique olympique, aussi formidable et esthétique soit-il, la France ne pourra toujours pas accueillir les Championnats du monde de natation… Un exploit.

1. Échange de mails entre Guy Drut et Sam Ramsamy, 13 mars 2022.

Chapitre 7

Un budget qui gonfle, qui gonfle…

Outre le manque de transparence du COJOP avec ses partenaires publics et parfois, comme sur le Centre aquatique olympique, ses approximations avec la vérité, c'est son rapport au budget des Jeux qui sera au centre de nombreux dévissages, comme le souligne la Cour des comptes. Dans l'organisation d'un tel événement, par nature, les questions budgétaires sont explosives.

Rappel : le budget global des Jeux olympiques et paralympiques en regroupe deux en réalité. D'un côté, celui de la SOLIDEO, qui est un établissement public financé pour moitié par de l'argent public. La SOLIDEO est chargée de la construction des ouvrages nécessaires à l'organisation des Jeux de Paris. De l'autre, celui du COJOP, qui est une association de droit privé, financée à 96 % par de l'argent privé (recettes de billetterie, recettes des sponsors et une contribution du Comité international olympique) et 4 % d'argent public.

Le budget global, en 2018, était de 6,6 milliards. Il est aujourd'hui de 8,8 milliards d'euros (+2,2 milliards)… Précision importante soulignée par la Cour des comptes : « 8,8 milliards d'euros, hors coûts relatifs à la sécurité et aux transports des JOP. » La sécurité et les transports, deux détails dans une telle organisation…

Le premier budget établi du seul COJOP, en 2018, était de 3,8 milliards d'euros, avec l'objectif affiché de tenir l'exigence de Jeux sobres et d'un coût maîtrisé. Ce budget pluriannuel a été ajusté à quatre reprises, entre 2019 et 2022, pour s'établir finalement à 4,380 milliards d'euros.

Le 26 juillet 2022, l'émission « Good Morning Business » sur *BFM Business* reçoit Michaël Aloïsio, le directeur de cabinet du COJOP. Il vient parler des JOP à deux ans, jour pour jour, de la cérémonie d'ouverture sur la Seine. Sécurité, retard de livraison, inflation, hausse du budget… tout y passe. Le budget et… l'inflation surtout. Le journaliste questionne Michaël Aloïsio sur l'augmentation des dépenses du COJOP. La réponse fuse : « C'est la faute de l'inflation ! »

Pas totalement faux, mais pas totalement vrai surtout. Vrai pour un tiers, faux pour deux tiers. C'est la Cour des comptes qui le dit : « Si 1/3 de l'augmentation des dépenses est bien dû à l'inflation, les 2/3 restants sont pour partie dus à une sous-évaluation des coûts dans le dossier de candidature et pour l'autre à une méconnaissance peu compréhensible de la complexité du cahier des charges du CIO[1]. » Pierre Moscovici, premier président de la Cour des comptes, précise d'ailleurs ce propos dans une interview accordée au journal *Le Parisien* le 19 juillet 2023 : « Le budget présenté au moment de la candidature n'était tout simplement pas réaliste. Il voulait sans doute convaincre par sa frugalité, mais il n'avait pas pris suffisamment en considération la complexité du cahier des charges du CIO[2]. »

Dans le langage policé de la Cour des comptes, que faut-il entendre par « une sous-évaluation et une méconnaissance peu compréhensible » ? Une forme d'incompétence des « experts olympiques » du COJOP qui se seraient trompés dans l'estimation budgétaire initiale parce qu'ils ne maîtrisaient pas le dossier ? Surprenant pour des « experts ». Ou bien le budget a-t-il été sciemment « sous-évalué » pour rafler la mise et rassurer le peuple ? La question ne sera pas posée à Pierre Moscovici. Mais sans réponse, le constat reste le même.

Au sortir du Conseil d'administration du COJOP du 12 décembre 2022, le budget pluriannuel révisé

1. Rapport de la Cour des comptes, juin 2023.
2. Interview de Pierre Moscovici, *Le Parisien*, 19 juillet 2023.

s'élève donc à 4,380 milliards d'euros. Il acte une augmentation de 400,4 millions d'euros des dépenses soit + 10,1 % par rapport à celui de 2021 et + 15,1 % par rapport au budget de candidature[1], mais reste à l'équilibre grâce à une augmentation des recettes plutôt bienvenue. Un budget dit « à l'équilibre » est un budget dont les dépenses et les recettes se valent, où toute nouvelle dépense est compensée par une nouvelle recette.

Le COJOP Paris 2024, on l'a vu, est une association de droit privé loi 1901. Une association qui, de fait, s'administre comme l'association du club de bridge ou de pétanque de Brousse, petit village de vingt-huit habitants situé dans la Creuse. Ce statut lui permet de présenter un budget que lui seul élabore et construit. Hormis l'avis et le contrôle du comité d'audit interne – dont les membres sont nommés par l'exécutif du COJOP –, le budget soumis au vote des administrateurs ne fait l'objet d'aucun autre contrôle, ni d'aucune vérification en amont. Cela offre une certaine marge de manœuvre.

Michaël Aloïsio avait été formel face au journaliste de *BFM Business*, en juillet 2022, quand ce dernier lui demandait comment le COJOP comptait faire pour compenser l'augmentation des dépenses : « Nos revenus, on va considérer qu'ils sont stables.

1. Rapport complémentaire de la Cour des comptes, juillet 2023.

Ça veut dire qu'il faut qu'on absorbe le coût de l'inflation par de nouvelles économies. » Autrement dit : on ne va pas pronostiquer de potentielles nouvelles recettes pour compenser une augmentation des dépenses qui est, elle, bien réelle.

Pourtant, six mois plus tard, en décembre 2022, lors du Conseil d'administration qui doit valider la révision budgétaire, les revenus (recettes) sont loin d'être « stables » : + 127 millions d'euros de recettes de partenaires domestiques, + 143,2 millions d'euros de recettes sur la vente de billets, + 70 millions d'euros de contributions publiques, + 18 millions d'euros de recettes supplémentaires du programme Top du CIO, etc.

Au doigt mouillé ? Pas du tout. L'augmentation des recettes attendues par le COJOP est le fruit d'un travail sérieux et « d'une très grande finesse de prévision[1] » précise la note adressée aux administrateurs de Paris 2024. Ainsi, notamment, la prévision d'une hausse de 143,2 millions d'euros de recettes sur la billetterie est le résultat des « projections actuelles basées sur un taux de remplissage de l'ordre de… 100 % pour les cérémonies[2] ».

1. Note d'explication de la révision budgétaire, Conseil d'administration du COJOP, 12 décembre 2022.

2. *Ibid.*

Nulle mention toutefois qu'à date, en décembre 2022, personne ne sait précisément quelle sera la jauge de spectateurs de la cérémonie d'ouverture sur la Seine (600 000 personnes ? 300 000 ?), ni même si elle aura bien lieu sur la Seine. Qu'importe, il faut bien une « hypothèse de travail », et il est préférable que cette hypothèse soit favorable.

Résultat : le total des recettes prévisionnelles est de… 400 millions d'euros, pile-poil le montant correspondant à l'augmentation des dépenses… Bingo ! Le budget est à l'équilibre.

Le Comité d'audit interne du COJOP, dans son avis du 30 novembre 2023 relatif à la révision budgétaire de la même année, saluera à nouveau cet équilibre et la stabilité du budget entre 2022 et 2023, qui n'augmente « que » de 16 millions d'euros. Il relèvera toutefois des points de vigilance : « L'exécution du budget à l'équilibre suppose que différentes conditions soient simultanément remplies[1]. » Ainsi, s'agissant des dépenses, le Comité insiste sur la nécessité de « finaliser l'évaluation du coût effectif de la sécurité privée à la charge du COJOP, dans le respect impératif de l'enveloppe inscrite au présent budget[2] ».

1. Révision budgétaire 2023, avis du Comité d'audit, 30 novembre 2023.

2. *Ibid.*

Le Comité d'audit interne ne s'y trompe pas, « le coût effectif de la sécurité privée à la charge du COJOP » est une des principales préoccupations de l'exécutif du COJOP, particulièrement de son directeur général, Étienne Thobois, et cela depuis longtemps déjà.

Début 2019, après l'officialisation des sports additionnels au programme, et quelques mois consacrés au jeu des chaises musicales avec les lieux accueillant les épreuves, l'idée naît de regrouper les sports dits « urbains » – le skateboard, le breakdance, le BMX freestyle, le basket 3×3 – en un seul et même lieu, un stade temporaire au cœur de Paris, place de la Concorde : le « Parc urbain » ou « Cluster urbain ». Les études de faisabilité technique sont réalisées et, à l'automne, « EXE » décide de faire voter ce projet lors du prochain Conseil d'administration de décembre. Enveloppe sécurité de ce nouveau stade : un peu plus de 100 millions d'euros. Pas rien. Mais alors, qui va payer ?

La question est légitime. Si l'État s'est engagé, sous le gouvernement de Manuel Valls, à supporter le coût de la sécurité des Jeux olympiques sur voies publiques (qui relève des forces de l'ordre – police et gendarmerie), cet engagement ne vaut que sur la base du dossier présenté en phase candidature.

Ce stade temporaire, place de la Concorde, n'y figurait pas. Il n'était même pas envisagé à l'époque.

Le 10 décembre 2019, en réunion de préparation du Conseil d'administration, je soulève cette question. Comment va-t-on faire ? Quel est le plan puisque ni l'État, ni le COJOP (qui n'en a d'ailleurs pas les moyens) n'ont prévu de payer ce coût sécurité ? Outre les réserves budgétaires, des réserves sécuritaires sont émises par la Préfecture de police et nos parties prenantes.

Des réunions de préparation avec chacune d'elles (DIJOP, ministère des Sports, secrétariat d'État aux personnes handicapées, direction du budget) ressort une position commune : toutes sont disposées à voter favorablement sur le principe, mais sous la double réserve de connaître la révision budgétaire 2020, et d'un avis favorable de la Préfecture de Police.

Ne serait-il pas plus sage, dès lors, de se donner un peu de temps et de renvoyer ce vote à un prochain Conseil d'administration ? Je m'en ouvre à « EXE ». C'est un non catégorique d'Étienne Thobois. Pourquoi cette précipitation ? Quelle est la stratégie, l'objectif ? « Cranter la décision pour mettre l'État au pied du mur et le contraindre à payer », me répond Étienne Thobois. Sans ambiguïté, il développe : « Une fois que l'État aura voté pour la création du site place de la Concorde en

Conseil d'administration, il ne pourra plus faire marche arrière. Il sera engagé par son vote. Il faudra qu'il en assume les conséquences. Toutes les conséquences, financières et sécuritaires. Le CIO sera là pour le lui rappeler. »

La stratégie du bras de fer avec l'État, du couteau sous la gorge, me semble aventureuse. J'avance mes arguments. Cette stratégie est dangereuse et peut se retourner contre le COJOP. Une fois voté, si l'État, *in fine*, n'assumait pas la charge de ce site, cela incomberait alors au COJOP. Or, il ne dispose pas des fonds nécessaires. Conséquence, le seul recours consisterait à puiser dans la garantie de l'État. Cette garantie, imposée par le CIO à l'État organisateur, est constituée d'argent public destiné à couvrir les éventuels déficits budgétaires du COJOP.

Visiblement ravi de ma démonstration, Étienne Thobois, avec un sourire malicieux, conclut : « Donc, tu vois bien que j'ai raison. On ne payera pas. »

Cet épisode a fait jurisprudence. La stratégie sera la même lors du vote pour la cérémonie d'ouverture sur la Seine, deux ans plus tard, le 13 décembre 2021. Avec une finalité identique : engager les pouvoirs publics, dont l'État, par un vote « précipité » en Conseil d'administration. Précipité puisqu'à l'aveugle, sans l'éclairage d'études d'impacts exhaustives sur les conséquences budgétaires et sécuritaires.

Un vote sans « toute la documentation nécessaire à la prise de décision[1] », disait la Cour des comptes.

Certains administrateurs s'en émeuvent. Ils sollicitent davantage de temps avant de se prononcer. Du temps, le COJOP avance qu'il n'en a pas. Tous les jours comptent. Et si la décision n'est pas prise maintenant, alors il sera trop tard : oublié, le stade temporaire de 35 000 spectateurs place de la Concorde ; oubliée, la cérémonie d'ouverture grandiose sur la Seine… Dommage, non ?

Les administrateurs, sous pression, votent. Le piège se referme.

1. « L'État mis hors-jeu », *Le Canard enchaîné*, 11 novembre 2020.

Chapitre 8

Quelles alertes ?

Sébastien Chesbeuf

En matière de budget, l'année 2019 est une année charnière. Paradoxalement, alors que le COJOP a du mal à faire entrer les fonds nécessaires à la réalisation du concept initial du dossier de candidature, il augmente l'amplitude du projet avec des sites additionnels et les dépenses qui en découlent. La seule qui s'émeut officiellement de ces hausses des dépenses sans compensation par de nouvelles recettes s'appelle Valérie Pécresse, la présidente de la Région Île-de-France. Pour le reste, silence radio.

Les sites additionnels et la cérémonie d'ouverture sur la Seine, non prévus lors de la phase de candidature, ne sont pas les seuls à impacter le budget. Le Village des médias, à Dugny, en Seine-Saint-Denis, qui figurait dans les 5 % d'équipements programmés et prétendument nécessaires à la bonne tenue des Jeux, pèsera aussi dans la balance des dépenses.

Dès la phase de candidature, on s'interroge sur le caractère impératif de la construction de ce site prévu pour héberger 1 300 journalistes et techniciens du monde entier. Étienne Thobois ne le juge pas indispensable. Jean Castex, le délégué interministériel, semble également dubitatif. Quant au Comité international olympique, « il n'a jamais été convaincu de l'utilité d'un tel village, vu les capacités hôtelières existantes (à Paris)[1] ». Tout le monde semble d'accord…

Pourtant, lors d'une réunion sur le sujet, Jean Castex, sans crier gare et dans un revirement manifeste à 180 degrés, se prononce en faveur du maintien du Village des médias. Budget (valeur 2018) : 146,7 millions d'euros.

La raison de ce revirement ? Purement politique et totalement décorrélée d'un besoin impératif aux Jeux. « L'abandon (du Village des médias) pourrait provoquer une levée de boucliers des élus en Seine-Saint-Denis, alors que la candidature de Paris 2024 a fait de "l'héritage" des Jeux un axe majeur de sa campagne[2]. » Un faux « héritage des Jeux » en somme, où les Jeux ne sont que prétexte et alibi.

3 septembre 2019, petit-déjeuner de travail dans les jardins de la Délégation interministérielle aux Jeux olympiques et paralympiques, à l'invitation de Jean Castex, l'hôte des lieux, avec Marie-Emmanuelle

1. « JO-2024 : le CIO à Paris, dans l'attente d'arbitrages délicats », *Le Point*, 27 mars 2018.

2. *Ibid.*

Assidon, ma directrice d'alors. À l'ordre du jour, les sujets d'actualité posant problème : les délais de livraison, les risques de dépassement budgétaire, la gouvernance et les problèmes de relation avec certains politiques. Le sujet « chaud » du moment reste le Village des médias, lequel s'annonce être un gouffre financier.

Huit jours plus tard, en réunion avec l'ensemble des parties prenantes, il est « officiellement » admis que le déficit programmé du Village serait compris entre 8 et 16 millions d'euros. Toutes les parties prenantes à cette réunion acquiescent sans sourciller, pour une raison simple : comme personne ne soulève la question de savoir qui paiera la note, chacune d'elles part contente, convaincue – ou voulant s'en convaincre – que l'autre s'en chargera...

Bilan des courses : la Seine-Saint-Denis, sous couvert « d'héritage » des Jeux, vient de s'offrir aux frais du contribuable (puisque payé par l'argent public de la SOLIDEO) un nouveau quartier pour de futurs logements. Montant final de l'opération : 159,7 millions d'euros[1].

Dans le cadre de mes fonctions, au même titre que l'ensemble des parties prenantes au dossier, je rencontre régulièrement les contrôleurs généraux

1. Annexe n° 5 du rapport de la Cour des comptes, janvier 2023, p. 120.

économiques et financiers de Bercy[1], à raison d'une fois tous les quinze jours. Lors de nos échanges, la parole est libérée. Le statut associatif du COJOP les surprend, pour ne pas dire qu'il les interpelle, au même titre qu'il étonne la Cour des comptes.

Aussi, quand Fabrice Lacroix, le directeur des affaires financières du COJOP, met en place le règlement intérieur et financier, les contrôleurs ne manquent pas de soulever les problèmes potentiels qu'il recèle. Le seuil d'un million d'euros pour les marchés publics non contrôlables les fait tiquer. Il signifie que tous les marchés inférieurs à cette somme ne font l'objet d'aucun contrôle de leur part.

La soirée qu'organise le COJOP aux docks d'Aubervilliers, le 18 avril 2019, est la parfaite illustration de ces *petites* dépenses échappant à leur contrôle.

Janvier 2019. Dans leur quête de communication, Tony Estanguet et Michaël Aloïsio voient le jour « J-2024 » (2024 jours avant l'ouverture des Jeux)

---

1. Placé auprès du ministre de l'Économie, des Finances et de la Souveraineté industrielle et numérique, le contrôle général économique et financier (CGefi) contrôle plus de 400 organismes publics. Il contribue à l'amélioration de la gestion publique et à la modernisation de l'État, notamment à travers son rôle d'observatoire de la gouvernance, de la maîtrise des risques et des performances des entreprises et organismes et publics qu'il contrôle.

comme une occasion unique de marquer le coup. De continuer à construire le *storytelling* des Jeux. Toutes les équipes sont mobilisées pour l'occasion et travaillent sur cet événement. Des jours durant. On imagine le concept de la soirée, on maquette le carton d'invitation, on travaille et retravaille la liste des convives. Le COJOP est en effervescence.

La date se rapproche. Le temps va manquer. À force de tergiversations, on a pris trop de retard. Michaël Aloïsio s'en rend compte. La décision est prise de laisser tomber. Les équipes sont déçues. Tony Estanguet vit très mal cette annulation, ce raté. Il s'était mis en condition et annuler cet événement au dernier moment le contrarie. Il ne peut rester sur un échec, avec cette frustration.

Décision est prise d'organiser une soirée le 18 avril 2019, en substitution à celle avortée de janvier. Ne reste plus qu'à trouver le pourquoi de cet événement. Difficile d'invoquer le « J-2024 », qui n'a plus de sens, ni le « J-1926 », qui en a moins encore… Ce sera la soirée de « lancement de la saison 2 ». Sans que l'on sache vraiment pourquoi d'ailleurs. Il n'y a pas eu de saison 1, il n'y aura pas de 3 non plus… Peu importe. Les équipes se remettent au boulot. Il faut trouver un lieu et un décor.

Pour le lieu, ce seront les Docks d'Aubervilliers en Seine-Saint-Denis. Quant au décor, une réplique fidèle et grandeur nature du terrain de basket 3x3 très stylisé de la rue Duperré, à Pigalle. Toutes les parties prenantes au dossier sont invitées : la mairie de Paris, le département de Seine-Saint-Denis, la Région Île-de-France, la Métropole du Grand Paris, le ministère des Sports, le secrétariat d'État au Handicap, la DIJOP, le Comité national olympique et sportif français, le Comité paralympique et sportif français, les élus de Saint-Denis, d'Aubervilliers, les sponsors, des athlètes… et bien sûr les journalistes.

Nous sommes à quelques jours de l'événement. Les équipes affinent le fil conducteur de la soirée, peaufinent le script et le temps de parole de chaque intervenant. Anne Descamps, la directrice de la communication, qui a convié tout le réseau de journalistes, en prend connaissance. Inquiète, elle me dit : « Seb, j'ai un problème. On n'a rien à dire. »

Pas faux. À part revenir sur les réalisations passées dans une sorte de point d'étape, quelle annonce a-t-on à faire ? Rien. Si un temps fut envisagé le lancement du Club Paris 2024 – club de supporters censé fédérer et mobiliser la population autour des Jeux –, le projet n'est toujours pas prêt. En bonne professionnelle de la communication, Anne Descamps sait combien il peut être contreproductif, voire dangereux, de convier la presse quand on n'a rien à lui dire.

Les journalistes ne seront que modérément relancés par le service communication. Avec peu de médias présents, les retombées presse sont à la hauteur du contenu des annonces – presque inexistantes. Cette séquence aurait pu en rester là. Mais la facture est exorbitante : 620 000 euros pour quelque 600 personnes présentes.

Fabrice Lacroix, le directeur des Affaires financières, et Renaud Souhami, son bras droit, sont furieux. Une telle somme pour n'avoir délivré aucun message. Aucune annonce. Rien. Leur colère n'est pas retombée quand je déjeune avec eux quelques jours plus tard.

« On a jeté de l'argent par les fenêtres avec cette soirée… résument-ils alors.

— Non, pas tout à fait, les marshmallows à l'ananas étaient excellents ! »

Ma réponse ironique leur arrache un sourire.

Une réunion de débrief de la soirée est organisée en interne, afin que chacun puisse partager son retour d'expérience. L'ordre du jour transmis par mail annoté d'un « Confidentiel – Ne pas partager » précise « Retour d'expérience 18 avril : pour tous les événements organisés par Paris 2024, nécessité de définir le plus précisément possible en amont les objectifs que l'on cherche à atteindre ». Est-ce à dire que ce n'était pas le cas ?

Conflits de pouvoir, blocages décisionnels, absence de responsabilités claires, difficulté à assurer la cohérence, défis de communication, risques de connivence ou d'alliances informelles, disions-nous plus tôt dans ce livre[1]... Autant de dérives auxquelles le triumvirat du COJOP – Tony Estanguet, Étienne Thobois, Michaël Aloïsio – n'aurait finalement pas échappé. L'absence même de prise de décision parfois semble avoir fragilisé toute l'organisation.

Ce fut le cas en novembre 2019, au moment de l'officialisation des premières communes labellisées « Terre de Jeux 2024 ». Ce programme, imaginé dans l'esprit du « Club Paris 2024 », s'adresse aux collectivités locales (communes, départements, régions) qui veulent s'associer à la dynamique des Jeux. Les communes qui le souhaitent ont pu, via une plateforme en ligne, s'inscrire afin d'obtenir le label officiel.

Le Congrès des maires, qui se tient porte de Versailles chaque année, est l'occasion idéale

1. « Dès 2021, l'Agence française anti-corruption (AFA) avait rédigé deux rapports pointant du doigt des risques sérieux de "conflits d'intérêts" et d'"atteinte à la probité", avec des exemples de dossiers problématiques. » (Sandrine Lefèvre, « JO Paris 2024 : que contiennent les rapports anti-corruption à l'origine des perquisitions au siège du Cojo ? », *Le Parisien*, 20 juin 2023). Conclusions des rapports de l'Agence française anti-corruption 2021 : « Les mesures déployées par le COJOP pour prévenir et détecter les atteintes à la probité ne sont pas à la hauteur des enjeux et des risques encourus », « le COJOP n'a pas déployé de dispositif permettant d'éviter de tels conflits d'intérêts ».

de dévoiler la liste des 500 premières communes labellisées. François Baroin, alors président de l'Association des maires de France, organisateur du congrès, nous ouvre ses portes. Une cérémonie en grande pompe est programmée le mercredi 20 novembre.

Il se trouve que parmi ces 500 premières villes lauréates, deux sont gérées par le Rassemblement National : Hénin-Beaumont et Beaucaire. Des voix s'élèvent dans les rangs du COJOP et chez certaines de nos parties prenantes : comment peut-on labelliser des communes RN, alors qu'elles ne correspondent pas à toutes les valeurs prônées par le programme « Terre de Jeux » ? Faut-il les exclure de la liste, quitte à s'arranger avec notre règlement, ou au contraire les maintenir ?

La question mobilise les équipes durant tout le week-end. Le lundi qui précède le congrès, par tradition, Anne Hidalgo profite de la présence des élus d'outremer en métropole pour les convier à une réception à l'Hôtel de Ville de Paris. François Baroin est là également. Tony Estanguet, que j'accompagne pour l'occasion, profite de cette rencontre fortuite avec François Baroin pour connaître sa position. Elle est claire et sans ambiguïté : « Aucune raison valable et légitime de les exclure, dans la mesure où les maires de ces villes RN ont été élus démocratiquement et que l'inscription sur la plateforme leur était ouverte au même titre que l'ensemble des communes de France. »

Tony Estanguet se range à la position de François Baroin : les deux villes RN seront bien des 500, c'est tranché. Du moins… jusqu'à ce qu'il croise Anne Hidalgo qui, elle, prend le contrepied, et ne veut pas en entendre parler. Tony Estanguet rappelle François Baroin dans la soirée. Bilan : ils reviennent sur l'idée de labelliser les deux communes RN, mais veulent garder le nombre de 500 pour cette première vague. Dès le lendemain matin, j'adresse un mail à Michaël Aloïsio pour proposer des solutions aménagées. Pas de réponse.

La Seine-Saint-Denis s'en mêle. « Hors de question de labelliser des villes RN », soutient-elle. Le débat gonfle et vire à l'affaire d'État. Je relance Michaël Aloïsio dans la soirée : « Pardon d'insister, mais pourrions-nous avoir un retour sur l'option retenue suite aux différentes propositions formulées ? » Pas de réponse.

La cérémonie se tient comme prévu le mercredi après-midi. Hénin-Beaumont et Beaucaire se félicitent d'être labellisées « Terre de Jeux 2024 » lors de cette première vague. Sans histoire.

J'adresse un ultime mail à Michaël Aloïsio le lendemain, non pour avoir une réponse ou une directive – c'est un peu tard –, mais pour lui dire que « la séquence d'hier a mis en lumière des dysfonctionnements qui, pour l'essentiel, trouvent leur origine dans le fait que nous souffrons tous d'un manque de visibilité, de communication et de cohérence sur qui fait quoi dans ce dossier… Malgré nos relances, en amont de l'annonce de l'après-midi, nous n'avons eu aucun retour d'EXE nous laissant totalement démunis et en risque ». Pas de réponse.

Ces « alertes » ont été nombreuses. À l'occasion de chaque dysfonctionnement de gouvernance. À l'occasion de chaque manque de transparence de l'exécutif avec les pouvoirs publics. À l'occasion de chaque risque de dépassement budgétaire. À l'occasion de chaque tergiversation de l'exécutif qui mettait en danger l'organisation.

Ont-elles été utiles ? Parfois. Peut-être. Pour autant, elles n'ont pas été sans conséquences. Mon licenciement en est une.

Chapitre 9

Des alertes au licenciement : le procès

Sébastien Chesbeuf

> « *Celui qui ne gueule pas la vérité lorsqu'il la connaît se fait le complice des menteurs et des faussaires.* »
>
> Charles Péguy

Jeudi 4 juillet 2019, 20 h 54.

« Merci beaucoup Seb pour nos discussions du jour et pour ta confiance. On va y arriver !

– En tout cas, perso, quoi qu'il arrive j'aurai ma conscience pour moi. On a six mois, dans les conditions actuelles, je ne pourrais pas faire davantage. »

Cet échange avec Étienne Thobois, le directeur général de Paris 2024, dit beaucoup de notre relation. Franche et directe. Le rapport de confiance s'est établi assez rapidement. Dès les premières semaines de mon arrivée comme consultant du Comité de candidature de Paris 2024, à l'automne 2016. Ma position de conseiller externe m'autorise à lui parler sans ambages. Il apprécie les informations que je lui remonte régulièrement du terrain et de mes réunions avec les parties prenantes (Seine-Saint-Denis, ministère des Sports, Région Île-de-France…).

En tant que directeur général de l'organisation, il est normal qu'il soit informé de tout.

Ainsi, sans le faire figurer dans nos agendas, nous avons pris l'habitude de faire un point chaque vendredi, ou presque, en début de soirée, quand l'open-space s'est vidé et que nous sommes seuls dans les bureaux. Après un rapide tour d'horizon des dossiers en cours et l'état des relations avec nos parties prenantes, nos discussions portent vite sur les dysfonctionnements de notre organisation et sa gouvernance.

Étienne Thobois les connaît et en a parfaitement conscience. Ces rendez-vous d'alcôve sont salutaires, car libérateurs. Je ne suis plus seul à vivre et m'inquiéter de ce marasme. « Tiens le coup Seb, tu es un warrior ! » conclut-il. Pour autant, tout directeur général qu'il est, sa marge de manœuvre pour y remédier se révèle faible, voire inexistante.

Car, dans ce triumvirat de l'exécutif avec Tony Estanguet et Michaël Aloïsio, Étienne Thobois n'a pas la main sur le fonctionnement interne de l'organisation. Il s'y plie, en silence, et s'en accommode. S'il l'avait eue d'ailleurs, sûrement n'aurait-il jamais accepté cet organigramme flou où certains directeurs dépendent hiérarchiquement de lui et rendent compte, quotidiennement, à un autre, Michaël Aloïsio. Quel directeur général accepterait cela ?

De directeur général, Étienne Thobois n'a que le titre. Rappelons-nous cette phrase lâchée lors de notre dernier entretien le 23 janvier 2020 : « Seb, tu sais très bien que je ne suis pas directeur général, en vrai. »

Pourtant, c'est bien auprès du directeur général du COJOP que, pendant trois ans, de 2017 à 2020, je vais partager mes inquiétudes et formuler mes alertes.

Convaincu qu'un directeur général est le mieux placé pour améliorer le fonctionnement d'une structure et apporter les aménagements nécessaires à sa bonne marche, je l'alerte régulièrement sur le manque de transparence du COJOP avec notre écosystème – parties prenantes et pouvoirs publics – qui nous met en risque ; sur ce même déficit de partage d'informations entre directions de l'organisation qui les cloisonne dangereusement ; sur le caractère anxiogène de l'exécutif « tricéphale » qui affiche souvent, ou laisse transparaître, des désaccords de stratégie, générant des confusions et des incompréhensions dans les consignes ; sur la propension du COJOP à déléguer à des prestataires des missions qui pourraient être réalisées en interne, entraînant des surcoûts non négligeables. Autant de points que la Cour des comptes soulèvera dans son rapport d'observations du 2 mars 2021.

À l'automne 2018, à la demande de notre exécutif, nous nous affairons avec Maïa Wirgin, alors directrice du département des Affaires publiques où je travaille, à concevoir un programme d'engagement et de mobilisation des territoires. L'ambition : faire des Jeux de Paris 2024 un projet national engageant les collectivités territoriales dans l'aventure. Maïa en trouve instantanément le nom, ce sera le fameux programme « Terre de Jeux ». Concept, déploiement, animation, utilisation du label dédié… Nous y travaillons des semaines.

Le vendredi 1er février 2019 se tient le premier Comité de pilotage « Terre de Jeux ». Tous les départements du COJOP concernés sont là, Communication, Engagement, Héritage… Armé de slides PowerPoint, je m'apprête à présenter aux équipes le fruit de notre travail, quand Michaël Aloïsio, à peine installé, annonce que nous allons recourir à un prestataire et lancer un marché. L'assistance, stupéfaite, en prend acte. Oubliées, les slides et la présentation. Des jours de travail balayés d'un revers de manche. Âpre.

Dans cet épisode, outre le cas d'école managérial, l'aspect budgétaire interroge. Je préviens le directeur général, Étienne Thobois :

Salut Étienne, juste pour t'informer que je ne suis pas du tout en phase avec ce qui se dessine sur la méthode de travail sur Terre de Jeux (...) En effet, alors que nous étions tous convaincus que nous allions échanger et confronter nos idées sur le fond, la seule décision qui a été prise a été de dire, avant toute discussion, qu'on faisait appel à un cabinet extérieur pour nous accompagner. Pardon mais j'ai un peu de mal à me dire qu'on va balancer 100 000 euros par les fenêtres pour faire le boulot qui devrait être fait par la direction de l'engagement (et qui plus est un boulot qui a déjà été fait par GOV).
(...) Je ne comprends donc pas ce choix, sauf à vouloir se couvrir et faire assumer à un cabinet extérieur un choix qui devrait relever de nous... mais à 100 000 euros, ça fait cher la couverture[1].

Réponse de l'intéressé : « Merci Seb, je ne sais pas trop quoi te dire ne suivant pas ces sujets... » Étrange pour un directeur général. L'avocat du COJOP sera plus prolixe quand il tentera de minimiser l'intérêt de mon alerte : « Le budget de 100 000 euros évoqué par M. Chesbeuf correspond à 0,002 % du budget du COJOP[2]... » Surprenant comme argu-

1. Message envoyé par Sébastien Chesbeuf à Étienne Thobois, samedi 2 février 2019, 8 h 55.
2. Conclusion d'Intime n° 1 cabinet d'avocats SCP AFG du COJOP Paris 2024.

ment. Est-ce à dire que la somme de 100 000 euros, tellement insignifiante au regard du budget global, on s'en moque ?

Étienne Thobois entend les alertes sur les budgets colossaux (notamment ceux du département de la marque, de l'engagement et des cérémonies) consacrés aux marchés et recours à des prestataires. Il les partage même pour l'essentiel. Il est conscient des risques de tensions entre le COJOP et l'État quand, par manque de transparence, le 6 septembre 2019, je l'informe que « nos amis contrôleurs ne pourront pas en permanence essayer d'arrondir les angles[1] ». Les contrôleurs généraux économiques et financiers, que je vois régulièrement, sont garants de la bonne gestion des deniers et ils s'agacent de plus en plus de se heurter à un mur quand ils sollicitent des informations du COJOP, sans aucun retour.

En dépit de ces signalements, Étienne Thobois ne fait rien, ou presque, pour que cela change.

Plus je me confie à lui, plus je sens croître la défiance de Tony Estanguet et Michaël Aloïsio à mon

1. Les contrôleurs généraux économiques et financiers m'informent, le 6 septembre 2019, d'un échange tendu entre Fabrice Lacroix, directeur des Affaires financières du COJOP, et Jean-Marc Oléron, sous-directeur de la 8e sous-direction au ministère du Budget et membre du Comité d'audit du COJOP.

endroit. Alors même que mes alertes n'ont pour seule vocation que d'améliorer le fonctionnement de notre organisation, j'apparais comme celui qui nage à contre-courant. Le caillou dans la chaussure, celui qui dérange. De cela aussi, je m'en confierai à Étienne Thobois. Il se fera alors rassurant. « Avant qu'ils te virent, il passera de l'eau sous les ponts. »

Pourquoi douterais-je de son soutien en pareille situation ? D'abord parce que ce serait un juste retour des choses quand on se souvient qu'en décembre 2017, alors qu'Étienne Thobois était sur la sellette, j'étais avec Guy Drut dans le bureau d'Anne Hidalgo pour sauver sa peau de directeur général. Et qu'ensuite, j'ai confiance en celui qui, alors inquiet pour son avenir, envisageait de s'associer avec moi s'il était écarté. « Bon, et puis, si je suis dégagé, Seb, on montera une boîte, on fera du fric sur les Jeux. » Vaste projet...

Au travers de nos discussions, mails, SMS... les alertes sont nombreuses. Et au-delà des mots, les départs successifs de mes deux directrices, Maïa Wirgin et de Marie-Emmanuelle Assidon, toutes deux hauts fonctionnaires de l'État, après six mois seulement en fonction au COJOP, ne constituent-ils pas à eux seuls des alertes ?

Maïa Wirgin prend ses fonctions de directrice des Affaires publiques du COJOP en juillet 2018. À compter de cette date, nous sommes deux dans ce département. Maïa est un modèle de rigueur et d'organisation. À peine arrivée, armée de ses blocs-notes qu'elle ne quitte jamais, elle multiplie les entretiens en interne et veut tout comprendre du rôle et de la mission de chacun des directeurs et départements de l'organisation. Idem avec nos parties prenantes – Ville de Paris, département de Seine-Saint-Denis, Région Île-de-France, Métropole du Grand Paris, etc.

Il lui faut peu de temps pour comprendre que le succès du dossier tient, pour partie, dans notre capacité – celle du COJOP – à associer pleinement ces parties prenantes au projet. Nous instaurons et institutionnalisons des réunions hebdomadaires avec chacune d'elles ainsi qu'une réunion mensuelle les conviant toutes. Rien de mieux pour décloisonner le COJOP et garantir une parfaite communication. Les retours sont unanimes. Nos parties prenantes sont ravies et ne cessent de se réjouir de l'arrivée de Maïa. Enfin, elles sont associées aux dossiers en cours ! Plus seulement de façon informelle comme je m'évertuais à le faire avant son arrivée, mais bien officiellement, avec des réunions planifiées et régulières.

S'il fait mine de s'en réjouir, en interne, notre triumvirat de l'exécutif (Tony Estanguet, Étienne Thobois, Michaël Aloïsio) est plus mitigé. Cette communication et ce partage d'informations semblent les inquiéter, car potentiellement synonymes à leurs yeux de perte de pouvoir et de liberté de mouvement.

Très vite, Maïa en prend conscience. Elle a été recrutée pour tisser et développer la relation de confiance avec nos parties prenantes, c'est un succès et pourtant, l'exécutif, Michaël Aloïsios en particulier, semble lui en tenir rigueur. Jamais frontalement, ni explicitement – ce serait inavouable –, mais par des consignes alambiquées avec nos parties prenantes : « Dire sans dire vraiment », « Omettre de dire », « Laisser planer le doute », « Gagner du temps ». La situation devient inconfortable, puis intenable.

Fin octobre 2018, Maïa m'informe qu'elle ne pourra pas rester. Elle ne se reconnaît pas dans cette approche de la gouvernance, et dans cette manière de faire. Dès lors, elle se met en quête d'une sortie. Elle quitte le COJOP le 7 janvier 2019, après six mois seulement en poste, pour rejoindre d'abord le cabinet du Premier ministre Édouard Philippe, puis prendre le poste de secrétaire générale de la Cour des comptes.

De janvier à juillet 2019, alors que tous les départements de Paris 2024 s'étoffent à grande vitesse, je reste seul aux manettes des Affaires publiques et des Relations institutionnelles. Seul et sans plus personne en interne avec qui partager mes inquiétudes grandissantes. Maïa partie, il n'y a plus de garde-fou. Étienne Thobois continue de m'écouter, mais n'apporte pas la moindre solution. La pression de Bercy s'accroît. Les contrôleurs généraux multiplient leurs notes de rapport à leur hiérarchie. Une tous les quinze jours. Elles sont de plus en plus étayées par les échanges que nous avons. Il est certain, j'en suis alors convaincu, que si au sein du COJOP, l'exécutif ne réagit pas, l'État, via Bercy, mettra davantage son nez dans les affaires… Raté.

Seule la Cour des comptes se fera l'écho des alertes remontées par les contrôleurs.

Les jours s'égrènent. La boule au ventre, partagé entre conscience et consignes, je dois tenir le rythme des réunions régulières instaurées avec nos parties prenantes. Continuer de les informer, sans trop en dire. L'épisode épique de la « séquestration » dans le bureau du directeur de cabinet de la ministre des Sports contre la liste des sports additionnels au programme des JO interviendra durant cette période[1]…

À force de détermination, l'équipe GOV – moi, donc – s'étoffe d'une chargée de missions en avril 2019. Et en juillet, arrive enfin une nouvelle directrice exécutive, Marie-Emmanuelle Assidon. Elle remplace Maïa Wirgin. Préfète en charge de l'égalité des chances à Marseille et ancienne conseillère spéciale de Bernard Cazeneuve (ministre de l'Intérieur et Premier ministre), Marie-Emmanuelle est rompue à l'action et aux situations délicates. Une cheffe au sens noble du terme. Franche, sincère, loyale et

1. Voir chapitre 6.

humaine. Carrée, comme on dit. Le courant passe très vite entre nous.

En professionnelle aguerrie, Marie-Emmanuelle prend vite la mesure de la situation. En moins de deux mois, elle pose un diagnostic identique à celui de sa prédécesseure : tout ou presque dysfonctionne. « #JesuisMaïa », s'amuse-t-elle à dire pour dépeindre la situation.

Maïa Wirgin, Marie-Emmanuelle Assidon, même constat. Si Maïa choisit de partir pour ne pas s'abîmer dans un bras de fer avec l'exécutif, Marie-Emmanuelle ne se pose pas la question. Tony Estanguet, Michaël Aloïsio, Étienne Thobois sont allés chercher une préfète qui a de l'expérience pour remettre de l'ordre. Elle entend bien mener sa mission à son terme.

Les relations se tendent très vite.

La fameuse réunion feuille de route d'octobre 2019 – au cours de laquelle Michaël Aloïsio avouera ne pas être directeur de cabinet – marque le début de la fin. Outre cet aveu, cette réunion met au jour le manque de clarté et de lisibilité dans les rôles et missions respectifs du cabinet du président, dirigé par Michaël Aloïsio, et le service des Affaires publiques et Relations institutionnelles, dirigé par Marie-Emmanuelle Assidon.

La tension remonte jusqu'au président, Tony Estanguet. Il le fait savoir à Marie-Emmanuelle qui, pour calmer le jeu, propose l'élaboration d'une matrice de responsabilités entre le cabinet et notre département afin de clarifier les missions de chacun. Une nouvelle réunion feuille de route est prévue quinze jours plus tard pour statuer sur la base de ce document de travail. Elle n'aura jamais lieu. Nous n'aurons pas l'occasion de présenter cette matrice, ni d'évoquer le budget de notre département pour l'année à venir, ni nos projections des Ressources humaines.

Le département des Affaires publiques – « GOV » – devient le sujet tabou, voire un problème. Il est en tout cas le seul département du COJOP à ne pas avoir de feuille de route pour l'année 2020.

Les 26 et 27 novembre 2019, la commission de coordination, composée de membres du Comité international olympique chargés de suivre l'état d'avancement du projet Paris 2024, est en visite à Paris. Au programme, réunions de travail, reporting des réalisations passées et présentation des objectifs et chantiers à venir… dont les feuilles de route de chaque département du COJOP. Problème, donc, le département « GOV » n'en a pas.

Pourtant, alors que nous n'avions justement aucune information nous concernant, nous découvrons le 26 novembre au matin, lors de la présentation officielle devant la commission de coordination du CIO, les arbitrages budgétaires et en Ressources humaines pris par l'exécutif du COJOP pour notre département. Marie-Emmanuelle Assidon n'a été ni associée, ni consultée, ni même informée, en amont de ces arbitrages. Elle les découvre en *live*... Nouveau cas d'école managérial. Mais cette fois, c'est un *casus belli*.

Elle se lève et quitte calmement la réunion de la commission de coordination. Nous nous retrouvons pour déjeuner. Lasse, elle m'informe de la situation. Elle partage alors son inquiétude face à un fonctionnement du COJOP flou, pour ne pas dire erratique, où la directrice exécutive qu'elle est n'est pas concertée, ni même informée des arbitrages qui la concernent. Elle me dit ne plus pouvoir accepter ces lignes hiérarchiques mouvantes, inintelligibles, les consignes formulées, puis contredites puis reformulées, sans cesse fluctuantes, sur la totalité des sujets et sans qu'aucune logique ne se dégage. Un genre de management qu'elle n'a jamais connu jusque-là, dans toutes ses précédentes expériences professionnelles, dans le privé comme dans le public.

Elle conclut en précisant qu'elle ne sait pas travailler dans ce désordre le plus total et le plus assumé, alors qu'elle se doit de maintenir les apparences avec les partenaires institutionnels du Comité d'organisation. Considérant avoir tout essayé, le dialogue comme les manifestations d'irritation, les discussions comme les alertes, elle me confie son intention de prendre ses distances par rapport à ce fonctionnement délétère et son probable départ définitif à court terme.

Le divorce est consommé. Le soir même, comme le veut la tradition, la journée de travail s'achève par un cocktail dînatoire réunissant le CIO et l'ensemble des parties prenantes. La brasserie Les Spectacles, dans le quartier de Bercy, est privatisée pour l'occasion. Les convives sont tous là. Ou presque. Guy Drut a fait savoir qu'il n'y assisterait pas, tout comme Marie-Emmanuelle Assidon, absente depuis la mi-journée.

Soudain, en pleine discussion avec une représentante de la Région Île-de-France, j'entends : « Sébastien, tu aurais quelques minutes à m'accorder ? » C'est Pierre-Olivier Beckers, membre du Comité international olympique et surtout président de la commission de coordination des Jeux de Paris 2024, qui m'apostrophe.

Pierre-Olivier Beckers, dit POB, est un proche de Guy Drut. Nous nous connaissons depuis la phase de campagne pour l'attribution des Jeux à Paris. Nous nous installons au bar, à l'écart. POB est contrarié. Il s'inquiète, tout comme l'exécutif du CIO, des relations « tendues », dit-il, entre Guy Drut, absent, et Tony Estanguet. Connaissant ma proximité avec Guy, POB me demande de faire en sorte que les choses s'arrangent. Je m'engage à y travailler, mais précise que cela ne peut se faire à sens unique, et qu'il doit en faire de même, de son côté, avec Tony Estanguet. C'est entendu.

La discussion aurait pu en rester là, mais POB s'enquiert de l'état des relations entre le COJOP et l'ensemble des parties prenantes. Il veut aussi connaître mon sentiment sur la gouvernance de Paris 2024 qui, selon ses propres dires, « questionne et suscite des inquiétudes ». Et comme pour donner plus de poids à ses propos, il m'informe que certaines de nos parties prenantes, et non des moindres, la Ville de Paris notamment, font savoir régulièrement au CIO qu'elles souhaiteraient être davantage associées aux décisions.

Rien d'anormal, au fond, à ce que POB s'interroge. Maïa Wirgin, première directrice des Affaires publiques, n'est restée que six mois en poste. Pourquoi ? Marie-Emmanuelle Assidon, sa successeure, s'est mise en arrêt le midi même. Pourquoi ? Et Guy Drut est absent lors de cette soirée d'importance. Pourquoi ? Ajoutés à cela les vœux formulés par certaines de nos parties prenantes appelant à davantage de concertation, les questions sont légitimes.

POB, ancien PDG du géant Delhaize[1], s'intéresse au management des équipes. Il me questionne sur

1. Delhaize est une enseigne de supermarchés belge créée en 1867 par Jules et Auguste Delhaize, appartenant au groupe Ahold Delhaize. La société mère exploite des magasins Delhaize en Europe, en Asie et aux États-Unis.

ma vision de la gouvernance, et me demande clairement comment améliorer l'organisation. Je partage alors mes pistes de réflexion et les aménagements qui répondraient, à mon sens, aux exigences d'une structure comme celle du COJOP et amélioreraient le fonctionnement de notre organisation.

Cette conversation présentée comme informelle et privée sera partagée dès le lendemain matin par POB avec Tony Estanguet, Étienne Thobois, Michaël Aloïsio. Partagée et… vraisemblablement réécrite.

À charge. En réquisitoire.

Tony Estanguet et Michaël Aloïsio y voient apparemment l'occasion parfaite de se débarrasser du caillou dans leur chaussure. J'en aurai la confirmation d'Étienne Thobois lui-même lors de notre échange du 23 janvier 2020 : « Mais pourquoi diable a-t-il fallu que tu discutes avec POB ? Tu as signé ton arrêt de mort… » La machine se met en marche. Mon éviction s'organise.

Pierre-Olivier Beckers s'en défendra dans un message vocal en date du 18 mars 2020 laissé sur la messagerie de Guy Drut, lorsque ce dernier lui fera savoir que j'ai été licencié par sa faute. « Il y a peut-être un malentendu, je ne sais pas, d'après des bruits que j'entends c'est que moi j'aurais été raconté cette conversation le lendemain ou après et que donc, euh… Sébastien serait viré à cause de ça…

Moi, je n'ai jamais dit un mot de quoi que ce soit, à qui que ce soit[1]. »

Mensonge. Il écrira l'inverse dans un mail, à charge, adressé à Tony Estanguet le 18 mars 2021, soit un an plus tard, opportunément en pleine procédure contentieuse m'opposant au COJOP devant le tribunal des prud'hommes : « Le 26 novembre 2019, Sébastien m'avait fait part de ses opinions personnelles, visiblement en fort décalage avec les positions affichées par l'exécutif de Paris 2024 (...). Je t'avais alors alerté sur l'extrême attention que le comité d'organisation des Jeux devait porter à préserver, à l'extérieur, une parole cohérente[2]. »

La commission d'éthique du Comité international olympique, dont fait partie Pierre-Olivier Beckers, sera officiellement saisie le 17 mai 2022 de ce mensonge et de cette violation des principes fondamentaux de la charte éthique du CIO. À date, cette commission n'a toujours pas statué.

Cette séquence du 26 novembre 2019 laissera des traces. Marie-Emmanuelle Assidon, arrêtée, ne

1. Extrait du message vocal, constaté par huissier de justice, laissé par Pierre-Olivier Beckers sur la messagerie de Guy Drut, le 18 mars 2020.

2. Mail de Pierre-Olivier Beckers à Tony Estanguet datant du 18 mars 2021, qui sera versé au dossier devant le conseil des prud'hommes, pièce n° 11 des conclusions de Paris 2024.

reviendra que fin décembre pour s'accorder avec Tony Estanguet sur les éléments de langage officiels de son départ. Exemptée de son préavis qui la conduirait jusqu'en avril 2020, elle *quittera* physiquement le Comité d'organisation des Jeux olympiques et paralympiques de Paris 2024 le 13 janvier 2020, six mois seulement après sa prise de fonctions.

Sans attendre, le lendemain, Tony Estanguet me propose un entretien en tête à tête.

« D'abord, je voulais te dire que je n'ai rien à dire sur ton boulot. Je sais tout ce que tu as apporté à l'organisation, le retour des PP [Parties Prenantes] est excellent sur toi… J'ai beaucoup réfléchi pendant les vacances de Noël et deux options s'offraient à moi : la première, je gardais le département des Affaires publiques et je t'en confiais la direction. La seconde, je supprimais le département des Affaires publiques pour tout faire remonter au cabinet et regrouper la stratégie politique, l'organisation des instances, les relations avec les PP. C'est l'option que j'ai choisie et dans cette organisation, je ne vois pas où est ta place, sachant que tu ne peux pas travailler avec Michaël [Michaël Aloïsio, son directeur de cabinet], il y a trop de défiance entre vous… »

L'entretien n'a duré que quelques minutes. De vraies montagnes russes. En moins d'une minute, le statut de potentiel directeur des Affaires publiques a laissé la place à celui de viré. Le premier était éphémère. Le second, net. Définitif.

Le 22 janvier 2020, nouvel entretien avec Tony Estanguet et Étienne Thobois. Ils manifestent l'un et l'autre la volonté de me sortir du dispositif sans éclaboussures et souhaitent aller vers une négociation. Sont-ils inquiets des probables conséquences d'un contentieux ? Que je dévoile les travers, la face cachée de l'organisation ?

La procédure de licenciement s'engage. La lettre, puis l'entretien préalable, le 31 janvier au matin, en présence du directeur général, Étienne Thobois, de la responsable des ressources humaines et de Thierry Rey, conseiller spécial de Paris 2024, qui m'assiste en qualité de représentant du personnel. Il y est question « d'insuffisances professionnelles, de non-adhésion à la stratégie du COJOP, de perte de confiance et de loyauté ». Devant tant de mauvaise foi, je prends l'initiative d'écourter l'entretien, précisant à Étienne Thobois que les vraies raisons de mon licenciement ne sont pas celles avancées et que lui, confident privilégié de mes alertes, le sait très bien.

D'ailleurs, à qui viendrait l'idée saugrenue de missionner un salarié du COJOP, licencié pour « perte de confiance et de loyauté » le matin, représenter ce même COJOP et parler en son nom l'après-midi même à une réunion d'importance ? Absurde. Pourtant, le 31 janvier à 15 h 30, j'assiste au ministère des Sports à une réunion d'importance pour représenter le COJOP et parler en son nom !

« Insuffisances professionnelles, perte de confiance et de loyauté. » Le contentieux paraît inévitable. Non sans un profond écœurement, j'en fais part au conseiller de Jean Castex, délégué interministériel aux JOP. Un quart d'heure plus tard, Jean Castex me rappelle :

« Sébastien, c'est inadmissible !

– Je vais aller aux prud'hommes, Jean.

– Tu as bien raison, je te soutiendrai. »

Le soutien du futur Premier ministre durera le temps de cet échange téléphonique.

Le 29 juin 2020, un dossier est déposé devant le conseil des prud'hommes de Paris. Il est défendu par Maître Thomas Hollande et agrémenté des témoignages en ma faveur de mes deux éphémères ex-directrices, Maïa et Marie-Emmanuelle. La première, on l'a dit, est désormais secrétaire générale de la Cour des comptes, la seconde deviendra en mai 2022 cheffe de Pôle des Affaires intérieures au Cabinet de la Première ministre.

D'autres, non moins importants, étayeront mes dires : Guy Drut, ancien ministre, champion olympique, membre du CIO, membre de droit du Comité d'organisation de Paris 2024 ; Thierry Rey, champion olympique, conseiller spécial du Comité d'organisation de Paris 2024 ; et David Lamy, ancien directeur des Ressources humaines du Comité d'organisation de Paris 2024.

Cette procédure devant le Conseil des prud'hommes de Paris constitue la seule affaire de licenciement émanant du COJOP, le premier grain de sable dans la communication huilée et sous contrôle de Paris 2024.

L'audience a lieu un an plus tard et le verdict tombe le 12 juillet 2021. Le Comité d'organisation des Jeux olympiques et paralympiques de Paris 2024 est condamné pour « licenciement abusif, sans cause réelle et sérieuse ». Tony Estanguet, qui claironne haut et fort vouloir « casser les codes », vient d'en casser un : celui du travail.

Si le conseil des prud'hommes condamne le COJOP pour licenciement abusif, sans cause réelle et sérieuse, en revanche, il ne se prononce pas sur les causes et les raisons profondes de mon éviction. Qu'importe, la Cour d'appel de Paris s'en chargera. Car, très vite, en dépit de ma victoire en première instance, j'interjette appel du jugement et demande la reconnaissance du statut de lanceur d'alerte, défini par la loi dite « Sapin II ».

S'il n'y a aucune difficulté à attester des alertes émises en interne, quid de celles formulées auprès de Jean Castex, délégué interministériel, et des contrôleurs généraux des finances publiques ? Comment prouver ces nombreux signalements puisqu'il n'y a pas trace de nos conversations ? L'idée de mandater un huissier de justice, sommation interpellative en poche, pour recueillir, auprès des contrôleurs généraux de Bercy, la confirmation et la preuve de mes alertes vient – ça ne s'invente pas – de la lecture des conclusions des avocats du COJOP. Lesquels rappellent la nécessité de pouvoir attester de la saisine de l'autorité judiciaire ou administrative.

Des huissiers débarquent donc le 26 avril 2022 auprès des contrôleurs généraux des finances publiques. Le service juridique du ministère de l'Économie et des Finances est en effervescence. Les équipes s'agitent, jusqu'au secrétariat général du ministère. C'est une première dans l'histoire. Des huissiers à Bercy…

Résultat des courses : le contrôleur général passé à la question des huissiers confirme tout. « Oui, dans le cadre de notre mission auprès du COJOP, M. Chesbeuf nous a fait part de problèmes de dépassement du budget… Oui, il nous a fait part de problèmes de gouvernance au sein du COJOP, comme des problèmes liés au manque de transparence de l'exécutif du COJOP avec ses interlocuteurs publics et la sphère publique (élus et administration centrale). Les alertes de M. Chesbeuf étaient sérieuses et ont été notifiées aux autorités administratives compétentes[1]. »

1. Extrait de la sommation interpellative réalisée le 26 avril 2022 par Maître Séverine Fiot, huissier de justice de la SCP FIDARE.

En guise de conclusion, le contrôleur ajoute que « suite au pré-rapport de la Cour des comptes et surtout les dysfonctionnements connus, il a été mis fin à leur mission de contrôle », ce qui n'a pas manqué de susciter l'interrogation du *Canard enchaîné*. Le journal citait un haut fonctionnaire de Bercy : « Les contrôleurs ne sont pas nommés à vie sur une mission. Mais changer les deux collègues [contrôleurs], en même temps, relève de la mauvaise administration. C'est comme si on voulait que la mémoire se perde, qu'on reprenne tout à zéro[1]. »

Mais « tout finit toujours par se savoir », avait l'habitude de dire Marie-Emmanuelle Assidon.

1. « Les JO de Paris 2024 hors de contrôle », *Le Canard enchaîné*, 17 février 2021.

Chapitre 10

Des Jeux de belles factures

Thierry Vildary

Alors que la déconnexion des élites françaises, coupées des réalités, domine de nouveau le débat public, on tente de passer sous le tapis les casseroles qui tintent à l'arrière de Paris 2024. Juin 2023, des policiers perquisitionnent le siège du Comité d'organisation des Jeux et les domiciles de certains hauts dirigeants. Ce coup de projecteur judiciaire jette une lumière crue sur un fonctionnement « circulaire » des marchés d'organisation des Jeux olympiques où les prestataires deviennent les donneurs d'ordre. Sont-ils coquins ? Seule la justice peut le dire. Sont-ils copains ? Les intéressés eux-mêmes ne s'en cachent pas.

Du fond de l'allée à la croûte de goudron qui s'écaille, on repère ce déhanchement si particulier du marcheur. Une ondulation horizontale du bassin, équilibrée par un balancement vertical des avant-bras, qui donnent à l'athlète des allures de machine agricole. Aurélien Quignon ne moissonne pas encore de médailles, mais il en rêve. Il avale chaque semaine des centaines de kilomètres dans le parc Georges Valbon, plus connu sous le nom de parc de La Courneuve, en Seine-Saint-Denis.

Avec l'objectif de mon collègue Fred Bazille, nous captons son quotidien, pour raconter le parcours chaotique de ce champion acharné. Sponsorisé par la débrouille, il lui a fallu de réels sacrifices pour se hisser au rang des meilleurs mondiaux de la marche athlétique et recevoir, récemment, les premières aides publiques, synonymes de statut de sportif de haut niveau.

Il fait beau ce matin du 20 juin, il va faire chaud. Mon téléphone vibre. Message de 10 h 06 : « Perquisitions en cours à Paris 2024 ». Il va faire très chaud aujourd'hui… Le coup de fil qui suit m'informe qu'une source haut placée a donné l'alerte. Des policiers chargés de cartons ont déboulé très tôt au siège de Paris 2024. Sur ordre du Parquet national financier. Je suis abasourdi. Je vois passer devant moi Aurélien, entamant une nouvelle boucle de deux kilomètres, mais mon esprit marche ailleurs.

10 h 14, mon téléphone crépite à nouveau. Un autre informateur : « Bonjour, on me dit qu'une perquisition serait en cours au COJOP ? Vous êtes au courant ? » Ces deux sources sont toujours fiables. 10 h 18, la seconde source abonde : « C'est confirmé. C'est le PNF. »

Dans le ciel bleu au-dessus du parc, cette déflagration fait plus de bruit que les chasseurs Rafale en démonstration pour le salon aéronautique du Bourget tout proche. La perquisition est en cours, le Parquet national financier ne confirmera qu'à l'issue de l'opération. Je décide de donner l'info sur Twitter. 10 h 20, illustré par le logo de Paris 2024 : « Selon nos infos une perquisition en cours par @pr_financier à @paris2024 ».

La dépêche AFP, plus circonstanciée, tombe vingt minutes plus tard. L'onde de choc se propage rapidement jusqu'aux Alpes suisses. Une source me confie qu'une réunion du Comité directeur du CIO s'interrompt. On se passe un téléphone de main en main pour y lire le tweet annonçant la nouvelle. Sidération. Paris 2024 avait promis des Jeux exemplaires… Le Comité international olympique se croyait à l'abri de ce genre de péripéties juridiques qui ont rythmé les derniers Jeux d'été, Rio 2016 et Tokyo 2020. Et cette visite judiciaire au siège de Paris 2024 signe un méchant record olympique : perquisition avant les Jeux, une première historique pour un comité d'organisation.

Le soir, j'apprends et publie que les domiciles d'Étienne Thobois, directeur général de Paris 2024, et d'Édouard Donnelly, directeur des opérations de Paris 2024, ont également été perquisitionnés. Le Parquet national financier confirme avoir ouvert une enquête préliminaire pour des soupçons de prise illégale d'intérêts (utiliser sa mission de service public pour en faire bénéficier des personnes ou des sociétés privées), détournement de fonds publics (personne chargée d'une mission de service public et qui détourne des moyens ou de l'argent de leur destination), favoritisme (faire bénéficier une société d'avantages lors de l'attribution d'un marché), recel de favoritisme (bénéficier personnellement de ces marchés truqués). Des termes susceptibles de se résumer en deux termes : potentielle corruption.

Dans le monde judiciaire, les actes et les mots ont un sens. Le déclenchement d'une enquête préliminaire par le Parquet signifie que nous sommes au début d'une procédure, que le Parquet a été alerté de possibles délits, se donne un délai pour vérifier si des éléments sérieux méritent d'ouvrir une enquête avec un juge d'instruction, ou de classer l'affaire. Ou encore, si son enquête fait émerger des preuves suffisamment évidentes pour se passer d'un juge et renvoyer directement des personnes devant le tribunal. À ce stade, ces perquisitions qui « font tache », comme le souligne le média olympique en ligne *Francs Jeux*, ne veulent pas dire que les personnes visées sont coupables. D'ailleurs, Étienne Thobois et Édouard Donnelly bénéficient toujours aujourd'hui de la présomption d'innocence.

Le siège de la SOLIDEO, la société publique chargée de construire les sites olympiques, a également été perquisitionné. Cependant, les larges reprises dans la presse nationale et internationale se concentrent sur les perquisitions au siège de Paris 2024 et de ses deux dirigeants de haut rang. La surprise est totale. Personne ne croyait sérieusement que le Parquet aurait les coudées assez franches pour aller visiter le COJOP à l'heure du laitier.

De quand vient le signalement ? De 2021 ! Plus précisément, d'un rapport de l'Agence française anti-corruption (AFA) qui, dès début 2021, tire la sonnette d'alarme. L'agence pointe alors « des risques d'atteintes à la probité » et de « conflits d'intérêts[1] ». Plus grave, les procédures de gestion des conflits d'intérêts du COJOP « sont imprécises, incomplètes, insuffisamment respectées et contrôlées[2] ».

À cette époque, Paris 2024 donne l'impression de ne pas prendre la mesure du problème et se contente de répondre par une formule de com : « Nous avons pris en compte toutes les recommandations formulées par l'AFA qui sont pertinentes pour nous », tout en précisant « nous ne sommes pas soumis en tant qu'association à l'ensemble des articles régissant le code des marchés publics[3] ». Message

1. « Paris 2024 : l'Agence française anti-corruption alerte sur des "risques d'atteinte à la probité" et "de conflits d'intérêts" », France Info, 26 novembre 2021.

2. *Ibid.*

3. *Ibid.*

sous-jacent adressé à l'AFA : circulez. Pourtant, l'AFA diagnostiquait un nid à microbes de corruption prêts à infecter le corps olympique tricolore. En médecine, les microbes peuvent créer un choc septique, une infection généralisée. Ici c'est un choc de scepticisme qui se répand sur la réputation jusque-là immaculée de Paris 2024.

Un an plus tard, un recrutement fait jaser dans le monde des suiveurs du chantier olympique. Encore une fois, il surgit par un tweet. Le magazine en ligne *Francs Jeux* annonce le 2 novembre 2022 : « Nouvelle recrue au COJOP Paris 2024 : Édouard Donnelly nommé directeur des opérations ». Cette nomination attire l'attention. La réputation d'Édouard Donnelly est sans tache, mais son recrutement inquiète. Garçon réputé charmant, discret et compétent dans l'organisation d'événements sportifs, il est de l'avis général une excellente recrue pour Paris 2024. On se demande même pourquoi il arrive si tard. Car dans un COJOP qui regroupe à sa tête beaucoup de dirigeants qui entretiennent des liens de longue date, il a le profil type.

Dès 2007, il est un compagnon de route d'Étienne Thobois, le directeur général de Paris 2024. D'abord au sein de l'organisation de la Coupe du monde de rugby 2007 en France, puis dans une société fondée en commun et spécialisée dans le conseil et l'organisation d'événements sportifs : Keneo. Depuis, chacun a revendu ses billes dans Keneo, mais les deux amis ne se sont pas perdus de vue. Notamment depuis le lancement du projet olympique grâce à une nouvelle agence : RnK.

Créé en 2020, RnK obtient rapidement des marchés. Notamment, fin août 2022, avec des partenaires, celui de l'organisation du Relais de la flamme olympique à travers la France, pour 18 millions d'euros. On retrouve alors, parmi les fondateurs de cette jeune société, les frères David et Édouard Donnelly et Alexandre Ferracci, dont le frère Marc est député macroniste et le père Pierre, président du Paris Football Club. En novembre 2022, Édouard Donnelly quitte RnK pour devenir directeur des opérations de Paris 2024. Le directeur opérationnel est chargé de coordonner et vérifier que l'organisation de tous les événements des Jeux avance correctement et qu'ils seront livrés en temps et en heure. Ceci comprend les événements sportifs et festifs, de l'athlétisme au Stade de France en passant par le marathon ou l'équitation à Versailles, jusqu'au Relais de la flamme olympique. Édouard Donnelly se retrouve donc recruté par Paris 2024 pour contrôler un marché que la société RnK, dans laquelle il avait des parts et dont son frère David fait toujours partie, vient d'obtenir. Voici la définition même d'un potentiel conflit d'intérêts.

Ce recrutement, rendu public le 2 novembre 2022, fait bruisser en coulisse. Je publie ce tweet, le jour même à 14 h 58 : « Bonjour @paris2024 et @Sports_gouv, peut-on savoir quelles sociétés a dirigées/présidées É. Donnelly ? Quels marchés JO ces sociétés ont-elles obtenus ? Comment les éventuels conflits d'intérêts ont-ils été évités ? A-t-il été en relations d'affaires avec des dirigeants du COJOP ? »

Alerté, Michaël Aloïsio, à l'époque directeur de cabinet de Tony Estanguet et porte-parole de Paris 2024, m'appelle pour m'expliquer qu'il est impossible qu'Édouard soit dans une position de conflit d'intérêts. « On a saisi notre comité d'éthique qui a donné un avis favorable. Et le comité d'éthique est composé de personnalités issues des plus hautes juridictions françaises, le défenseur des droits, le secrétariat général de l'OCDE (Organisation de coopération et de développement économiques), la Cour de cassation, la Cour des comptes, l'Agence française anti-corruption, et présidé par Jean-Marc Sauvé, l'ancien vice-président du Conseil d'État. Vous pensez bien qu'avant que Jean-Marc Sauvé appose sa signature sur ce genre d'avis… »

J'objecte quand même que dans un communiqué annonçant le recrutement d'Édouard Donnelly, Paris 2024 a oublié de préciser que le comité d'éthique avait formulé un avis favorable. Ce qui évite de reconnaître qu'il y a eu nécessité de le saisir…

Michaël Aloïsio me précise que le comité d'éthique de Paris 2024 a demandé à Édouard Donnelly de se séparer de ses parts dans RnK et de se déporter des opérations dans lesquelles son ex-société intervient en tant que prestataire. C'est-à-dire de ne pas s'en mêler du tout, de n'être au courant de rien, de ne donner aucune directive. Cela semble la moindre des choses. Cette directive est présentée comme une condition émanant de l'avis « de personnalités issues des plus hautes juridictions françaises ».

En résumé, Édouard Donnelly, à deux ans des Jeux, est débauché de son entreprise pour effectuer un travail qu'il ne pourra pas faire totalement : piloter et vérifier l'exécution de marchés dans lesquels son ex-société intervient désormais. Ou pourrait encore intervenir. Car il est *a priori* convenu qu'à ces conditions, RnK, la société de son frère, peut continuer à candidater à des marchés de Paris 2024. En 2023, elle obtient ainsi, en association avec d'autres, le marché de la gestion de quatre stades du tournoi de football olympique. Un total de 19 millions d'euros pour l'ensemble de la compétition.

Dans ce monde idéal, à l'abri des conflits d'intérêts, de toute anomalie ou de petits arrangements, il est donc expliqué que dans le cadre des marchés où RnK postule, une procédure spéciale se met en place. À cette occasion, la déontologue de Paris 2024 et le représentant de l'État pilotent l'appel d'offres. Ainsi, le spécialiste de l'organisation, Édouard Donnelly, ne peut ni préconiser, ni orienter ce qui lui semble bon dans le cahier des charges des appels d'offres où son ex-boîte candidaterait ? Mais comment pourrait-il savoir à l'avance si son ex-société candidate ou non ? J'objecte une nouvelle fois qu'Édouard Donnelly ne pourra brutalement arrêter de voir ses amis de RnK ou son frère le dimanche.

Pour Michaël Aloïsio, « on n'a pas intérêt à ce qu'il y ait des infos cachées, parce qu'on a intérêt à ce que les prestataires chiffrent au mieux leur offre. Ce serait pénalisant si un des acteurs avait plus d'infos que l'autre[1] ». C'est probablement cette perspective qui poussera le Parquet à lancer une vague de perquisitions sept mois plus tard, en juin 2023.

Et puis ça recommence, le 18 octobre 2023. Cette fois, les perquisitions concernent les marchés des cérémonies d'ouverture. Paris 2024 connaît désormais la musique et publie un communiqué : « Une perquisition a eu lieu au siège du Comité d'organisation de Paris 2024 le mercredi 18 octobre 2023. Paris 2024 confirme que le Parquet national financier s'est présenté à son siège le mercredi 18 octobre, et a obtenu l'ensemble des informations qu'il demandait. » Les policiers de la brigade de répression et de la délinquance économique (BRDE) sont aussi passés inspecter quatre sociétés prestataires des Jeux olympiques : Paname 24, Double 2, Ubi Bene, Obo. Dans une sorte de copier-coller, un homme se

1. Entretien avec l'auteur, 4 novembre 2022.

retrouve au centre des attentions des magistrats du Parquet national financier : Thierry Reboul.

Thierry Reboul est aujourd'hui le grand maître des cérémonies de Paris 2024. Il occupe le poste de directeur des cérémonies. Certes, il l'était avant aussi, mais en tant que prestataire avec sa société, Ubi Bene, spécialisée et reconnue dans la réalisation d'événements originaux. En 2017, Ubi Bene avait imaginé le concept de « Journée olympique » sur la Seine. Cet essai miniature lui aurait donné l'idée maximale de cérémonie d'ouverture sur le fleuve. Et comme Édouard Donnelly, quelque temps plus tard, il devient salarié du comité d'organisation. Un ami de Reboul, Michael Courcoux, prend la tête d'Ubi Bene et annonce alors « qu'elle s'éloigne de la sphère olympique[1] ». Une décision sage car le patron historique est parti au COJOP avec plusieurs collaborateurs de sa société.

L'histoire aurait pu s'arrêter là.

Mais pourquoi s'embarrasser de prudence ? En 2021 apparaît The Banner, une nouvelle boîte d'événementiel, fruit de l'union d'Ubi Bene et de deux autres agences, Obo et Double 2. Le montage d'événements pour des lancements de produits ou des défilés de mode s'affiche comme leur cœur

1. « Paris 2024 : une cérémonie d'ouverture entre amis », *Mediapart*, 2 décembre 2022.

de compétence. Tout le monde vit sous le même toit dans le XVIIe arrondissement de la capitale. Et tout le monde se regroupe avec d'autres agences, Auditoire et Havas Event pour créer le groupement Paname 24 qui, comme son nom l'indique, a bien l'intention de s'occuper des JO. Quand les premiers marchés tombent, revoilà donc un haut dirigeant de Paris 2024, Thierry Reboul, qui doit jongler entre sa mission, les informations privilégiées dont il dispose probablement, le pouvoir de décision et d'influence lié à son poste, et ses intérêts récents, notamment les parts qu'il a revendues.

Paname 24 et The Banner abritant des agences qui candidatent à des marchés olympiques, on s'égare facilement. Thierry Reboul est aperçu, fin 2021, dans les locaux de son ancienne agence. Mais en fait non, Thierry Reboul précise : « Il doit s'agir d'une réunion avec la société Double 2[1]. » Pas facile de s'y retrouver quand des sociétés partagent les mêmes locaux, les mêmes compétences et les mêmes marchés. Avec Double 2, on est toujours à deux doigts de la confusion. Car Double 2 a obtenu plusieurs marchés comme la journée paralympique d'octobre 2022 ou la passation des symboles olympiques de Tokyo à Paris en 2021.

L'histoire aurait pu s'arrêter là.

1. *Ibid.*

Novembre 2022, le groupement Paname 24 (The Banner, Obo, Ubi Bene, Double 2, Auditoire, Havas Event) obtient les deux énormes marchés de réalisation des deux cérémonies d'ouverture des Jeux olympiques et des Jeux paralympiques. Pour plusieurs millions d'euros. À travers ce groupement Paname 24, la parade sur la Seine, moment le plus emblématique de Paris 2024, revient donc en partie à l'ancienne société de celui qui en a eu l'idée et qui va piloter l'opération de l'intérieur.

Côté Paris 2024, on produit les mêmes explications rassurantes : Thierry Reboul a vendu ses parts de Ubi Bene, il se déporte sur les marchés qui concernent son ancienne société. Tout ceci étudié et validé par le comité d'éthique – on vous le rappelle, « composé de représentants des plus hautes juridictions françaises ». Mais quand elles passent à table, toutes ces hautes personnalités doivent quand même avaler des tranches de fonctionnement un peu atypique.

Paris 2024 précise à propos de son directeur des cérémonies qu'il opère « un déport intelligent[1] ». Contrairement au déport idiot (que pratique peut-être Édouard Donnelly ?), le déport intelligent est une sorte de déport d'un pied. Ainsi, Paris 2024 précise, concernant le rôle de Thierry Reboul sur les cérémonies d'ouverture : « Évidemment qu'il

1. *Ibid.*

participe au cahier des charges sinon ça n'aurait aucun sens. Évidemment qu'on lui demande de dire quel est le projet, sa vision stratégique sur la livraison des cérémonies. » Ceci est pour le pied gauche, celui qui porte bonheur. Pour le pied droit : « Ce que l'on veut éviter, c'est qu'à la faveur d'auditions ou de l'appréciation qualitatives des offres, il puisse y avoir un avantage donné à des candidats. Et ça, honnêtement, on y arrive bien[1]. »

Mais onze mois plus tard, en octobre 2023, les magistrats du Parquet national financier semblent en douter. Ils ouvrent une enquête préliminaire pour prise illégale d'intérêts, favoritisme et recel. Leurs investigations éclairent la définition du « déport intelligent ». Le problème qui est posé est finalement simple. Thierry Reboul est d'abord et surtout embauché pour monter la cérémonie d'ouverture qu'il a imaginée. S'il doit se « déporter », il ne peut pas se mêler du dossier pour lequel Paris 2024 l'a embauché. Se mêler du dossier, donner son avis, c'est tout l'avantage du « déport intelligent ».

Le ciel s'assombrit au-dessus des Jeux du centenaire. Ces deux volées de perquisitions commencent à composer une série. En coulisses, selon des sources « proches du dossier », c'est une volonté d'aller vite pour boucler les enquêtes avant les Jeux,

1. *Ibid.*

au printemps 2024, pour ne pas perturber l'organisation dans les dernières semaines, ni le déroulement de la manifestation. La machine judiciaire a l'air assez sûre d'elle. À ce stade, il faut amener une précision qui n'est pas écrite dans le code de procédure pénale mais dans l'expérience de ceux qui ont l'habitude de suivre ce genre de dossier sportivo-politico-financier. Lancer une perquisition est une chose. Lancer deux séries de perquisitions sur une institution aussi importante que Paris 2024 en est une autre. Les implications politiques, l'image de la France à l'étranger, les montants en jeu, l'énormité de la manifestation supposent que juges et policiers ne partent pas à la pêche pour saisir disques durs et documents sans raison. Si Thierry Reboul et les sociétés visées sont tous présumés innocents, on imagine que la justice ne se lance pas dans ce genre de dossier sans des informations, voire des documents qui créent un faisceau de présomptions sur de possibles délits.

D'autant que le PNF regroupe des magistrats spécialisés dans les dossiers de ce type. Ils savent flairer les éventuels délits dans les plis des comptes et des factures. Souvent, ils viennent perquisitionner pour simplement avoir confirmation de ce qu'ils savent ou possèdent déjà, par des informateurs ou des envois anonymes de documents.

Alors, quelle est notre surprise, le 13 septembre 2023…

Ce matin-là, Jean-François Bonhert, patron du PNF, est l'invité de RTL. À la fin de l'entretien, il est interrogé sur les enquêtes ouvertes de Paris 2024. Il donne une grande bouffée d'air frais au COJOP. Le magistrat lâche que, selon lui, les enquêteurs n'ont pas trouvé « à ce stade d'éléments pouvant conduire vers des faits gravissimes de corruption ou de trafic d'influence ».

Il détaille : « Les thématiques sur lesquelles nous travaillons sont principalement des infractions formelles (...). C'est la façon dont certains contrats ont été distribués, des arrangements. C'est du fonctionnement de l'entre-soi que l'on est en train de démêler. » Des mots jamais entendus dans la bouche d'un patron de parquet. Il donne l'impression de minimiser l'importance des perquisitions : « Il ne nous appartient pas de déranger cet événement-là, c'est pourquoi nous avons travaillé en amont. » Son intervention laisse le sentiment que l'affaire est close et que tout rentre désormais dans l'ordre. Est-ce la marque de la pression d'un pouvoir en coulisse ?

Après la surprise vient, effectivement, le temps des questions. Si les faits ne sont pas « gravissimes », sont-ils juste graves ou pas illégaux ? Quels sont ces « arrangements » et ce « fonctionnement de l'entre-soi » ? Quelle serait la gravité de l'infraction qui permettrait de déranger ou « ne pas déranger » un tel événement ? Cette déclaration fait grincer. Quelques lattes du parquet en particulier, qui font discrètement savoir que leur patron ne connaît pas le détail des dossiers et même n'y a pas accès.

Mais la conséquence, c'est que, depuis, le Parquet national financier a changé son calendrier initial. Aujourd'hui, on fait savoir aux journalistes que la somme de données saisies nécessite de longues analyses et vérifications, et qu'il ne faut pas s'attendre à de nouveaux développements dans les mois à venir. L'enquête est passée en vitesse de croisière et prendra, comme pour la moyenne de ces dossiers, trois ou quatre ans. Il faudra aux enquêteurs garder la flamme de la justice quand celle des Jeux sera éteinte depuis longtemps.

Le Parquet national financier a été créé en 2014 par François Hollande, après le scandale Cahuzac, le ministre du Budget qui avait fraudé le fisc. Le PNF s'est fait depuis une réputation de gendarme des puissants de France. Il s'est aussi un temps intéressé au sport. Il a fait un carton à partir des ramifications d'une enquête sur la Fédération internationale d'athlétisme (IAAF) : condamnation des dirigeants de l'IAAF, des Jeux de Rio, de Tokyo.

Puis un confident me rapporte qu'en 2017, on donne l'ordre aux magistrats de ne plus enquêter sur le sport. La raison invoquée : « Le sport, ce sont des petits montants et on a trop de dossiers importants. » Cette injonction intervient après l'attribution des Jeux à Paris. Depuis, les perquisitions au siège de

Paris 2024 sont la seule incursion du PNF dans le sport. Avec sa déclaration à RTL, Jean-François Bonhert semble presque s'excuser du dérangement occasionné, minimise les faits. Alors même que l'enquête semble loin d'être close.

Pourtant, en marge de ce petit monde où souvent les mêmes entreprises fournissent les meilleurs dossiers, les meilleurs profils et les meilleurs services, il y a celles pour qui, étrangement, ça ne colle jamais. Le cas de Keneo est à ce titre exemplaire. Cette société avait tout pour plaire. Elle aussi élabore, monte et gère des événements sportifs. 35 collaborateurs, plus de quinze ans d'existence. Mais aucun contrat avec Paris 2024. Plusieurs réponses à des appels d'offre, mais aucun contrat. Keneo n'a aucun lien d'affaire avec Paris 2024 et pourtant une perquisition. Comment est-ce possible ?

Décryptage de l'enquête en cours. Keneo est fondée en 2008 par les deux amis, Étienne Thobois et Édouard Donnelly (pour rappel, ils sont aujourd'hui respectivement directeur général et directeur des Opérations de Paris 2024). Après avoir lancé l'agence sur de gros dossiers, des candidatures aux JO de Tokyo 2020 et le projet de candidature de Paris 2024, ils vendent leurs parts. En 2015, pour Étienne Thobois, en 2016, pour Édouard Donnelly, quand Keneo est racheté par le grand groupe de communication japonais Dentsu. En 2021, Dentsu ne sait plus quoi faire de cette société et la revend à Vincent de Bary, un homme qui débarque dans le domaine de l'événementiel sportif et n'a pas le réseau des vieux amis. Pourtant, il réussit à remonter la pente jusqu'à un solide chiffre d'affaires de plus de 13 millions d'euros aujourd'hui.

C'est ce passé de Keneo qui lui a valu une perquisition. Les enquêteurs s'intéressent aux archives, en particulier aux montants de revente et d'achat de la société qu'ils mettront en comparaison avec le montant des actions vendues par Étienne Thobois et Édouard Donnelly. Le but est de répondre à cette question : ces actions autrefois détenues par des dirigeants de Paris 2024 dans des sociétés aujourd'hui prestataires des JO, ont-elles été vendues au juste prix ou ont-elles été sur/sous-évaluées ? Si oui, serait-ce en échange de compensations sur des marchés futurs ?

Après une audition chez les policiers, Vincent de Bary obtient un courrier du PNF lui assurant que lui et son actuel Keneo sont hors de cause dans ces enquêtes. Restent ces marchés qui lui ont échappé. Le dernier en date notamment, où Keneo a été battu d'un demi-point. C'est rageant. Vincent de Bary, un peu amer, a écrit à la commission d'éthique de Paris 2024 pour demander des explications sur le déroulement de cet appel d'offres. La commission a répondu qu'à sa connaissance, tout s'est déroulé normalement. Vincent de Bary renvoie un courrier pour demander de plus amples précisions et pointe ce qui lui semble être certaines « incohérences ». La commission d'éthique, composée, rappelons-le, « de personnalités représentant les plus hautes instances juridiques », perd son adresse. Vincent de Bary attend encore la réponse. Il espère celle de la justice.

Le marché en question ? La gestion de quatre stades du tournoi de foot olympique de Paris 2024, où Mbappé, Neymar et Messi pourraient se retrouver. Estimation : 16 millions d'euros. La société française Spartner gagne le marché, un demi-point donc devant Keneo. Keneo a sans doute ignoré une norme importante pour remporter des marchés avec Paris 2024 : s'associer avec d'autres agences. Spartner a tout compris. Bien que comptant plus de vingt ans d'expérience, elle est allée chercher un jeune acteur prometteur du marché : RnK, ancienne société d'Édouard Donnelly, désormais directeur des Opérations de Paris 2024… La créativité de cette société, qui pourtant n'a jamais géré un stade de football, a fait la différence. Quand une victoire se joue à un demi-point, tous les détails comptent.

Chapitre 11

Les Jeux à tout prix

« Le sport change les vies ». Paris 2024 va « casser les codes », « organiser des Jeux extraordinaires, populaires, à fort héritage, des Jeux éthiques, verts, écologiques ». Des Jeux « *Made for Sharing* », qui s'autofinancent et transformeront la France en « nation sportive »... N'en jetez plus !

Derrière ces slogans sortis tout droit de chez McKinsey, que reste-t-il ? Pas un jour sans que la presse ou les médias ne relatent les difficultés d'organisation des Jeux olympiques et paralympiques de l'été prochain à Paris. Ici, la question de la sécurité ; là, celle des transports. Ici, le surf à Tahiti ; là, la cérémonie d'ouverture sur la Seine... Tout y passe, jusqu'aux investigations du Parquet national financier.

Les promesses étaient belles pourtant. Dans sa quête olympique, la France brillait en ce 13 septembre 2017, à Lima, au Pérou. Une victoire pleine d'émotions et de fierté, de promesses et d'espoirs.

Et puis ? Et puis, sept années se sont écoulées et Lima n'est plus qu'un lointain souvenir. Ses promesses et ses espoirs aussi.

À qui la faute ? D'abord, et surtout – péché originel –, à une erreur de jugement et d'appréciation : organiser les Jeux olympiques et paralympiques en France n'est pas un dossier sportif. C'est un dossier politique, qui relève des seuls pouvoirs publics.

Avec un budget colossal d'au moins 9 milliards d'euros, dont 3 milliards d'argent public *a minima* selon la Cour des comptes, une garantie d'État de 3 milliards d'euros également, un régime dérogatoire au droit fiscal, des questions de sécurité nationale, les transports, l'image de la France à l'international… Comment a-t-on pu croire – ou laisser croire – qu'il pouvait en être autrement ?

Pourtant, à force de s'entendre dire que les Jeux ne pouvaient s'obtenir qu'en laissant le mouvement sportif prendre le *lead* et gérer leur organisation, les politiques ont fini par le croire. Et non sans une certaine complaisance, voire irresponsabilité, ils ont déserté le terrain. Grave erreur. Donner les rênes des JO au mouvement sportif fut l'équivalent de confier les clefs d'un camion à des conducteurs sans permis poids lourd, puis de les laisser aux commandes sans le moindre contrôle des pouvoirs publics. Pas étonnant qu'il y ait eu des sorties de route…

Tenir le Comité d'organisation des Jeux pour seul responsable de tous les maux serait trop facile. Et surtout inexact. La part de responsabilité des pouvoirs publics est, dans cette affaire, bien trop lourde de conséquences pour être passée sous silence. À l'heure des comptes, il sera légitime qu'ils aient à en rendre. Plus encore quand on sait que ces dysfonctionnements auraient pu être évités, ou en tout cas mieux gérés si l'État s'était préoccupé, en son temps, des multiples alertes qui lui remontaient sur nombre de ces risques. Ce que personne n'a, alors, pris la peine de faire.

Jean Castex

« Merci beaucoup, mon cher Sébastien. Tu sais combien j'apprécie à la fois ton travail et ta personnalité. Je te souhaite le meilleur pour 2020 en espérant que cette année te verra encore longtemps parmi nous au sein du projet olympique, dans un cadre amélioré. Bien amicalement. JC »

Nous sommes le 6 janvier 2020. « JC », pour Jean Castex, délégué interministériel aux JOP, m'adresse ce SMS en retour à mes vœux de bonne année. En le relisant, avec recul, je m'interroge : Jean Castex savait-il que j'allais me faire virer quinze jours plus tard ? Était-ce sa façon, alors, de m'en informer et de le déplorer ? Ou sans information particulière, sentant venir ma fin, tentait-il de conjurer le sort ? Dans les deux cas, son message m'a, dans le contexte de l'époque, beaucoup touché. Mais ce contexte, quel est-il d'ailleurs, pour que le délégué interministériel lui-même parle d'un « cadre amélioré » ? Est-ce à dire qu'il sait, au poste stratégique qui est le sien, le contexte dégradé et que « ça ne tourne pas rond » ?

Le département des Affaires publiques auquel j'appartenais voyait régulièrement les parties prenantes au dossier. Parmi elles, la DIJOP et donc Jean Castex. La Délégation interministérielle aux Jeux olympiques et paralympiques est chargée de garantir la cohérence et l'homogénéité de l'action de l'État en faveur des Jeux, la contribution de chaque ministère au projet olympique et paralympique et d'assurer la liaison avec l'ensemble des partenaires.

Jean Castex était curieux de savoir comment tous les partenaires agissaient et vivaient le dossier. C'était un jeu d'informations. On partageait nos renseignements notamment pour gérer les sujets sensibles comme ceux qui concernaient la Seine-Saint-Denis, territoire phare des Jeux, à forte dimension politique. Jean Castex, en vrai « politique », aimait être au fait des ressentis, des commentaires, des petites histoires. On le mettait très souvent dans la confidence quand on voyait pointer un problème pour qu'il devienne un allié, un partenaire. Qu'il s'agisse de Maïa Wirgin, de Marie-Emmanuelle Assidon, ou de moi-même, nous partagions alors avec Jean Castex une valeur commune, celle de l'intérêt général. Quand nous anticipions un souci, nous lui en parlions et on se calait sur la stratégie pour faire avancer le dossier. Je crois pouvoir dire qu'à l'époque, il existait une vraie relation de confiance.

Jean Castex a été alerté assez tôt des dysfonctionnements en interne. Il partageait nos inquiétudes : les problèmes de gouvernance qui nous ont choqués, mes deux directrices successives et moi-même, ou encore le manque de transparence de l'exécutif du COJOP avec les pouvoirs publics.

Pendant longtemps, il fut un allié de circonstance dans l'intérêt du projet. Il a fait en sorte que nos préconisations, nos conseils, soient – parfois – entendus et retenus par le trio de l'exécutif de Paris 2024 en prenant des postures très politiques. Ainsi, la présence d'un stand « Paris 2024 » au salon des Maires de France, chaque année, lui doit beaucoup. L'exécutif du COJOP, à l'opposé de nos préconisations, n'en voyait pas l'intérêt, malgré l'évidence de l'opportunité offerte pour mobiliser les élus de la France entière. Jean Castex est alors venu en renfort et la décision fut prise d'y être présent. Lorsque nous rencontrions quelques difficultés pour organiser des réunions avec les élus locaux afin de leur partager le projet olympique, Jean Castex, dans la confidence, les organisait sous l'égide de la DIJOP, à l'hôtel de Cassini.

Il a été très vite conscient des problèmes budgétaires qui découlaient des décisions de l'exécutif. Pour preuve, ses réserves émises, au moment du vote imposé dans l'urgence par le COJOP en décembre 2019, concernant le site temporaire de la place de la Concorde. « Mais comment, dans ces conditions, peut-on entériner dès maintenant ce projet sans connaître le budget pluriannuel d'ensemble (…) ? comment sera-t-il financé dès lors qu'il ne figurait pas dans le budget initial ? » écrit-il à Fabrice Lacroix, le directeur des Affaires financières du COJOP, le 28 novembre 2019. Jean Castex a vu le piège, celui qui consiste à forcer la main des pouvoirs publics pour qu'ils s'engagent et qu'au final, ils payent…

Pourtant, il a laissé ce piège se refermer.

Je ne trahis aucun secret en disant qu'il a souvent réfléchi à un autre mode de gouvernance, à proposer à l'État des changements, des alternatives à l'équipe qui présidait aux destinées de Paris 2024. Il évoquait régulièrement cette question. Ses réflexions ne visaient pas Étienne Thobois. Jean Castex pensait que ce dernier était l'une des pièces maîtresses du dossier, le seul véritable technicien et connaisseur de la question olympique dans le triumvirat de l'exécutif de Paris 2024. En revanche, à l'instar de la Cour des comptes, il avait plus d'interrogations et de réserves sur le rôle et la mission de Michaël Aloïsio, le directeur de cabinet de Tony Estanguet.

Le budget des Jeux repose sur trois piliers : la contribution du CIO, la partie billetterie et licensing et enfin l'apport des partenaires domestiques, les sponsors. Le budget initial est construit sur un apport en sponsoring de 1,08 milliard d'euros.

Très vite, mi-2019, on se rend compte qu'il est plus compliqué qu'envisagé de faire rentrer les partenaires financiers dans le dossier. Le seul partenaire premium qui a honoré son contrat pour un montant total de 150 millions d'euros en cash est la banque BPCE. Pour les autres, on ne connaît pas la nature de l'investissement : cash ou échange de marchandises. Si cette question a souvent été posée à EXE, l'exécutif du COJOP, aucune réponse claire n'a jamais été obtenue.

Le rapport de l'Agence française anti-corruption (AFA) daté de février 2021 précise ainsi : « Il est relevé que, si le COJOP recherche en priorité des apports en numéraire dans le cadre des partenariats, en pratique, les apports se font très souvent en nature (fournitures ou prestations de service). » Selon ce même rapport, le groupe ACCOR, par la voix de son président, « s'engagerait en qualité de partenaire premium, assorti d'une proposition de contribution à hauteur globale de 84 millions d'euros HT (46 millions d'euros au titre de la fourniture de biens et services, et 38 millions d'euros en numéraire) ».

Face à ce constat, Jean Castex demande à Fabrice Lacroix, le directeur des Affaires financières, de retravailler en off une option de budget avec un apport des partenaires domestiques réduit de moitié, à hauteur de 500 millions d'euros. Germe déjà une vraie inquiétude sur notre capacité à faire entrer des partenaires dans l'aventure. Stéphane Fouks, vice-président du groupe HAVAS, dans une boutade, le résumait ainsi à l'époque : « C'est normal, aujourd'hui la seule chose que propose Paris 2024 à ses prospects, c'est de la communication de bâche de chantier. »

Du budget et de la difficulté à faire rentrer des partenaires financiers et à remplir les caisses, Jean Castex n'ignorait rien. « Il faudra faire des choix », répétait-il.

À cette époque, je dîne régulièrement avec lui et son proche collaborateur Nathanael Bruschi, conseiller en charge de l'héritage et de la mobilisation des territoires à la DIJOP. À l'issue du dîner dans le salon de l'hôtel de Cassini, siège de la délégation, nos échanges se poursuivent sur le trottoir de la rue de Babylone, où Jean Castex fume son cigare et parle librement jusque tard dans la soirée. C'est entre deux volutes de cigare qu'il sera le plus cinglant à l'endroit de certains hauts « responsables » du COJOP…

Quand Jean Castex est nommé Premier ministre, j'ai un fol espoir. Au moment de mon licenciement, il me fait part de son soutien, je me dis qu'avec lui, chef du gouvernement, les lignes bougeront. Il connaît tout du dossier. Mais le soufflé retombe vite. Jean Castex, Premier ministre, s'affranchit des

« errements » de Jean Castex, délégué interministériel aux Jeux. C'est ainsi.

On échange quelque temps sur des choses banales. Nos SMS cessent quand la newsletter *La Lettre A*, devenue depuis *La Lettre*, révèle, le 5 juillet 2022, le contenu de la sommation interpellative d'huissiers réalisée auprès des Contrôleurs généraux de Bercy. L'un d'eux y précise en effet : « Différentes alertes et les failles de l'organisation interne qui en seraient la cause ont été remontées aux autorités compétentes. Parmi celles-ci, il est fait mention du délégué interministériel aux Jeux olympiques et paralympiques (DIJOP), fonction occupée par Jean Castex, avant sa nomination à Matignon à l'été 2020[1]. » J'apprendrai plus tard qu'il avait lu l'article de *La Lettre A*, qu'il ne comprenait pas pourquoi je « m'attaquais » à lui et qu'il était « un peu déçu ». Nous sommes deux, dorénavant.

Amélie Oudéa-Castéra

La première fois que je rencontre Amélie Oudéa-Castéra, c'est au printemps 2018, par l'entremise de Guy Drut. Très investie dans le sport, elle est alors cofondatrice et présidente de l'association « Rénovons le sport français » qui participe à la modernisation de notre modèle sportif

1. « Paris 2024 : Jean Castex avait été alerté sur les dérapages financiers », *La Lettre A*, 5 juillet 2022.

(gouvernance, organisation, politiques sportives, économie, le sport comme enjeu sociétal, etc.). C'est sous l'égide de cette association qu'elle publie en juillet 2018 un recueil de trente-cinq recommandations, qui se veulent une contribution à la réforme de la gouvernance du sport français et à la préparation du projet de loi « Sport et Société ».

C'est en réalité son programme. Celui sur lequel elle entend asseoir sa légitimité et pousser le président de la République à faire d'elle sa nouvelle ministre des Sports. L'objectif qu'elle nous livre alors à Guy Drut et moi est clair et assumé, elle veut succéder à Laura Flessel. Le mot manuscrit qui accompagne l'exemplaire de son recueil qu'elle m'adresse, le 29 juin 2018, est sans ambiguïté : « Mon Cher Seb, … Pour si… on sera prêts ! T'embrasse fort. Amélie »

Durant ce mois de juin, nous nous retrouvons tous les trois au café L'Esplanade, place des Invalides, pour nos petits-déjeuners matinaux de campagne. Charge à nous d'élaborer la meilleure stratégie pour qu'Amélie accède au dernier étage du 95 avenue de France, siège du ministère des Sports. Lors de nos premiers échanges, je découvre une femme brillante mais, me semble-t-il, pas vraiment sûre d'elle. Proche d'Emmanuel Macron, qu'elle a connu sur les bancs de l'ENA, elle ne sait trop comment faire pour s'imposer à lui. Or, à l'époque, un des hommes forts de la macronie s'appelle Benjamin

Griveaux, jeune secrétaire d'État et porte-parole du Gouvernement.

Avec Guy, nous montons un rendez-vous avec Benjamin Griveaux pour lui dire tout le bien que nous pensons d'Amélie et combien dans le contexte de l'organisation des Jeux de Paris, il serait opportun de souffler à l'oreille du Président que son profil est un véritable atout. Amélie coche toutes les cases.

Pourtant, le 4 septembre 2018, c'est Roxana Maracineanu, championne du monde et médaillée olympique de natation aux JO de Sydney, qui lui ravit la place tant convoitée.

Le 20 mai 2022, c'est au tour d'Amélie Oudéa-Castéra de devenir ministre. Cerise sur le gâteau, son portefeuille est élargi aux Jeux olympiques et paralympiques. Je suis comblé.

Pour moi, l'arrivée d'Amélie Oudéa-Castéra avenue de France offre l'occasion exceptionnelle de reprendre en main le dossier des JO. Qu'enfin les pouvoirs publics et les politiques jouent leur rôle plein et entier dans ce dossier qui, quoi qu'en disent certains, est éminemment politique.

En effet, le 12 juillet, la ministre des Sports et des Jeux olympiques annonce fièrement qu'Emmanuel Macron réunira autour de la Première ministre, le 25 juillet prochain, les acteurs des Jeux olympiques et paralympiques de Paris 2024 « pour faire un point détaillé de l'avancement de la préparation des JO ».

Plus de doute, c'est bien le retour du politique dans le dossier. J'adresse à la ministre un SMS pour me réjouir de cette reprise en main. Sa réponse ne se fait pas attendre. Et pour l'anecdote, je la vois, alors en pleine séance de questions d'actualité au gouvernement, me textoter sa réponse en direct à la télévision. Elle me convie à déjeuner au ministère, le 1er août à 13 heures. Rendez-vous est pris.

La ministre a les traits tirés. On s'embrasse, puis nous prenons place à table. Son regard, un peu dans le vide, scrute l'horizon à travers les grandes baies vitrées du ministère. De cette voix posée qui la caractérise, elle me lâche d'emblée être « très inquiète ». Difficile dans ma position, connaissant les enjeux, les dysfonctionnements et les protagonistes du dossier, de ne pas lui donner raison. Sa tâche est ardue et les difficultés nombreuses. Qui ne serait pas inquiet face aux problématiques de sécurité, de budget, d'organisation qu'elle devra affronter ? Très vite pourtant, en l'écoutant, il apparaît que sa source d'inquiétude est ailleurs : elle est jeune, me dit-elle, et ne peut pas se louper dans ce dossier. En ministre des Sports et des Jeux olympiques et paralympiques, elle est en première ligne et c'est elle qui aura à rendre des comptes…

Le ton est donné et la discussion s'engage. Pendant une heure trente, en tête à tête, on fait un état des lieux du dossier : les sites, les partenaires économiques, le budget, la gouvernance, le CIO, les risques… Tout y passe, jusqu'à ma victoire aux prud'hommes et la condamnation du COJOP. Quand arrive le moment du dessert – une salade de fruits –, elle me dit, cette fois en me regardant dans les yeux : « Qu'est-ce que tu ferais à ma place ? »

Cet instant où la ministre en charge de l'organisation des Jeux olympiques et paralympiques demande au type qui s'est fait virer deux ans auparavant du COJOP ce qu'il ferait à sa place est… cocasse.

Je lui livre ce qui, selon moi, serait de nature à donner un nouveau souffle au dossier, à redistribuer les cartes. Je lui soumets l'idée de recevoir rapidement, en tête à tête, toutes les parties prenantes, la maire de Paris, la présidente de la Région Île-de-France, le président du département de Seine-Saint-Denis, le CNOSF, le Comité paralympique et sportif français (CPSF), etc., et ainsi de se soucier de savoir comment ils vivent le dossier. Par rapport à leurs attentes, à la feuille de route initiale, est-on sur la bonne voie ou non ? Se sentent-ils véritablement intégrés ? À travers ces discussions informelles et son écoute, elle pourrait se positionner comme la vraie patronne des Jeux. J'ajoute qu'il lui faudrait s'assurer de la véracité des informations communiquées par le COJOP. Le plus grand risque étant qu'on lui cache la vérité sur l'état d'avancement du dossier, sur les finances notamment.

Elle me confie n'avoir aucune confiance en Paris 2024. Elle sait, pour l'avoir vécu comme candidate malheureuse au poste de directrice générale du COJOP lors de l'appel à candidatures de 2017, qu'elle leur fait peur. Que son arrivée à la tête du ministère est loin de réjouir tout le monde et qu'on ne va pas lui faire de cadeau.

Qu'à cela ne tienne, sans confiance en Paris 2024, elle se tournera vers la DIJOP et les services de Michel Cadot, successeur de Jean Castex. Au moins, les informations transmises par la délégation sont validées, ce qui permet, pour un temps, de ne pas traiter en direct avec Paris 2024. En effet, les services de la délégation me remontent que jamais ils n'ont autant été sollicités en notes par la ministre des Sports qu'à cette époque. Elle veut tout savoir, tout connaître sur tout, dans les moindres détails.

À deux ans presque jour pour jour de l'événement, et surtout deux mois après le fiasco de la finale de la Ligue des champions au Stade de France qui marque le baptême du feu de la jeune ministre, un comité interministériel JO se tient le 25 juillet autour du président de la République pour parler sécurité et transports.

Emmanuel Macron

Hasard du calendrier, lors de la passation de pouvoir entre les présidents François Hollande et Emmanuel Macron, le dimanche 14 mai 2017, la commission d'évaluation du CIO[1] est en visite à Paris pour trois jours. L'occasion est trop belle et, le 16 mai, c'est en grande pompe que le Président convie les représentants du CIO à l'Élysée pour un petit-déjeuner improvisé.

À peine dans les murs, le Président est déjà à la tâche. Il se fait l'incarnation de l'unité de la France derrière le dossier parisien. Grâce notamment au savoir-faire de Thierry Rey, conseiller spécial du comité de candidature et ancien conseiller sport du Président Hollande, tout est pensé jusqu'au moindre détail. La veille de la rencontre en effet, Thierry a déposé au château la panoplie officielle de Paris 2024, afin que le Président arbore, au même titre que les membres du comité de candidature, pin's et cravate officiels de circonstance. Paré de tous les attributs, le chef de l'État se plie volontiers à l'exercice de la photo de famille sur le perron de l'Élysée, mimant même le triangle de la Tour Eiffel, le logo de Paris 2024.

Dans la course aux Jeux que nous vivons alors, l'engagement du président de la République est précieux. Il le sera plus encore en juillet 2017 lorsque, pour appuyer le dossier parisien, il fait le

1. Commission mandatée par le CIO pour analyser les projets des villes candidates et inspecter les sites de chaque ville afin de rendre un rapport d'évaluation pour éclairer le vote final.

déplacement à Lausanne afin d'assister à la session extraordinaire du CIO. Lors du cocktail donné dans la soirée à l'hôtel Beau Rivage en présence de l'ensemble des membres du comité, le chef de l'État les salue un par un. Briefé l'après-midi même sur chacun d'eux à l'aide d'un trombinoscope, il leur adresse, comme s'il les connaissait depuis toujours, un petit mot personnalisé. Bluffant.

Mais après cette entrée en matière tonitruante dans le dossier Paris 2024, ce sans-faute dans les premiers mois de son mandat durant lesquels « Emmanuel Macron a mis tout son poids dans la balance[1] »... plus rien. Une fois la victoire acquise, le Président, comme ses gouvernements successifs, s'est totalement désintéressé du sujet. Le calendrier olympique n'est pas le calendrier politique. Nous sommes en 2017, les Jeux sont pour 2024. Sept ans, c'est loin.

Le COJOP en profite pour s'approprier le dossier. Tony Estanguet, Michaël Aloïsio, Étienne Thobois le préemptent, en veillant bien à maintenir à distance les politiques qui n'ont pas bronché. Pire, ces politiques ont détourné le regard et ignoré les alertes jusque celles émanant de leurs propres rangs.

1. Yann Bouchez, « Jeux olympiques : Emmanuel Macron a mis tout son poids dans la balance », *Le Monde*, 12 juillet 2017.

L'augmentation, en catimini, du montant de la garantie de l'État de 1,2 milliard à 3 milliards d'euros en est un exemple patent.

Dans le contrat dit « contrat de ville hôte » qui régit les accords entre le Comité international olympique et la France, une disposition prévoit le principe d'une garantie publique d'État en cas de déficit du comité d'organisation des Jeux. Au moment de la loi olympique de mars 2018, le Parlement, en conformité avec cette disposition, a voté une garantie à hauteur de 1,2 milliard d'euros.

Trois ans plus tard, le 1er juillet 2021, Arnaud Bazin, sénateur du Val-d'Oise, interroge Bruno Le Maire, ministre de l'Économie et des Finances. « Un référé de la Cour des comptes, rendu public le jeudi 17 juin 2021, suggère que le budget pour les Jeux olympiques de 2024 n'est pas sécurisé (...). C'est pourquoi Arnaud Bazin souhaiterait savoir quelles sont les mesures prévues pour sécuriser le budget des JO 2024[1]. »

Le ministère lui apporte la réponse suivante en séance publique le 25 novembre 2021 : « En ce qui concerne le COJOP Paris 2024, la trajectoire budgétaire n'a pas présenté jusqu'ici d'alerte ayant

1. Question d'Arnaud Bazin, sénateur LR du Val-d'Oise, publiée au *Journal officiel*, 1er juillet 2021.

nécessité l'attribution précoce d'une garantie d'État supplémentaire[1]. »

Pourtant, moins de trois semaines plus tard, un amendement soutenu par le gouvernement, voté en catimini à 5 heures du matin par une poignée de députés, modifie l'article 158 de la loi de finances de 2022 et augmente le montant de la garantie de l'État, le faisant passer de 1,2 milliard à 3 milliards d'euros…

À l'article 158, il est ajouté un III ainsi rédigé :

« III. A. Le ministre chargé de l'Économie est autorisé à accorder la garantie de l'État, en dernier ressort, au titre des emprunts bancaires contractés avant le 30 juin 2025 par l'association mentionnée au A du I en vue de financer, le cas échéant, le solde déficitaire de son budget lors de sa liquidation.
Cette garantie est accordée en principal et intérêts, à titre onéreux, dans la limite d'un montant de 3 milliards d'euros. Elle reste en vigueur jusqu'à la dissolution de l'association, et au plus tard jusqu'au 30 juin 2027. »

Pas d'« alerte » qui justifie une augmentation de la garantie de l'État ? Cette garantie a plus que doublé ! Une alerte de plus, en réalité.

1. Réponse du ministère de l'Économie, des Finances et de la Relance à la question du sénateur Arnaud Bazin, séance publique du 25 novembre 2021.

Face à l'inertie des pouvoirs publics et des politiques en réaction aux alertes qui se multiplient, je me résous à écrire au président de la République le 16 septembre 2022, avec copie à Élisabeth Borne, Première ministre, et à Amélie Oudéa-Castéra, ministre des Sports et des JOP. En responsabilité et garant de l'organisation des Jeux olympiques et paralympiques en France, le chef de l'État doit être informé de la situation et agir en conséquence.

« Monsieur le Président de la République,
En février 2020, après quatre années au sein des équipes de Paris 2024, (...) l'exécutif de Paris 2024 me notifiait brutalement mon licenciement, avec effet au 6 mai 2020.
Cette décision, intervenue dans la foulée des démissions, après seulement 6 mois en poste, des deux hautes fonctionnaires successivement en charge de cette direction (...) était aussi infondée qu'injuste : je l'ai donc contestée en saisissant la juridiction compétente en juin 2020.
Le 12 juillet 2021, le tribunal a confirmé son caractère arbitraire en condamnant le Comité d'organisation des Jeux olympiques et paralympiques de Paris 2024 pour « licenciement abusif, sans cause réelle et sérieuse ».
Témoin au quotidien, dès 2018-2019, de dysfonctionnements managériaux au sein du COJOP, de risques de dépassements budgétaires, de problèmes de gouvernance ou encore d'un manque de transparence de l'exécutif avec ses interlocuteurs publics pouvant avoir de graves

conséquences sur le projet, j'ai d'abord alerté l'exécutif de Paris 2024. Sans résultat. J'ai, alors, alerté les autorités administratives de contrôle de Bercy.
Telles sont les « véritables » raisons de mon licenciement, mes « alertes ».
J'aime à penser qu'elles n'auront pas été totalement vaines et que la réunion interministérielle du 25 juillet dernier organisée à votre initiative sur le sujet porte la marque, quoi qu'on en dise, d'une « reprise en main ». En août dernier, lors d'un déjeuner avec Madame la ministre des Sports, des Jeux olympiques et paralympiques, Amélie Oudéa-Castéra, j'ai eu l'occasion de partager avec elle ma satisfaction qu'enfin on réalise que l'organisation des JOP en France ne relève pas du seul COJOP, ni du seul mouvement sportif, mais également et surtout de l'État et du pouvoir politique (...). Je tenais, par la présente, à vous informer personnellement de cette situation. »

Le résultat de cette ultime alerte au chef de l'État ? Aucun. Un coup d'épée dans l'eau. Cyril Mourin, son conseiller sports, me précisera que le Président en a bien pris connaissance, mais que je ne recevrai pas de réponse, cette missive, selon lui, n'en appelant aucune. Un coup d'épée dans l'eau qui doit, surtout, ne pas faire de vague.

À bien des égards, le dossier des Jeux olympiques et paralympiques de Paris est un condensé de tous les travers de notre époque. Des formules toutes faites

– « les Jeux financent les Jeux », « il n'y aura pas d'impôts JO » – sont érigées en mantra, alors même qu'on les sait inexactes et mensongères. Rapport de la Cour des comptes faisant foi[1].

Les Jeux devaient s'autofinancer, il n'en sera rien. Le contribuable paiera. Ils devaient être éthiques, les investigations du Parquet national financier sous-tendent le contraire. Ils devaient être écologiques, les problèmes du surf à Tahiti et du basket à Lille démontrent l'inverse. Ils devaient rendre le métro gratuit, le prix du ticket va doubler. Ils devaient être populaires, les polémiques nées des prix des billets le dédisent.

Ce devait être « un privilège[2] » de se compter parmi les 45 000 bénévoles, ils « auront à leur charge les frais de transport et d'hébergement liés à leur présence sur l'événement » et devront se « débrouiller[3] », rappelle Michel Cadot, le délégué interministériel aux Jeux, sûr que « les gens trouveront des solutions… par des relations ». Enfin, les JO devaient transformer la France en une « nation sportive ».

1. « JO de Paris 2024. Le coût public pourrait atteindre "3 milliards d'euros" au final », *Ouest France*, 10 janvier 2023.

2. « Paris 2024 : "C'est un privilège" de faire partie des 45 000 bénévoles sélectionnés », *Le Monde*, 19 octobre 2023.

3. « Paris 2024 : les volontaires trouveront à se loger "par des relations", assure le délégué interministériel aux Jeux », *Le Monde*, 19 janvier 2024.

Comment ? Par un coup de baguette magique. Ou peut-être par une publication Instagram du président de la République, survêtement et gants de boxe sur l'épaule, le 8 janvier 2024, vantant les bienfaits de pratiquer trente minutes de sport par jour… La fameuse « Grande cause nationale ».

Quant à « L'héritage » ? Il est déjà « historique » selon Amélie Oudéa-Castéra puisque, grâce aux JO de l'été prochain, la Commission de la Culture, de l'Éducation et de la Communication du Sénat a décidé, le 12 décembre 2023, de compléter son intitulé en y ajoutant le mot « Sport ». Historique, en effet… Moins peut-être toutefois que le rejet la veille, par ce même Sénat, du budget 2024 consacré au Sport, jugé par les sénateurs « pas à la hauteur des enjeux ».

Dans le discours enchanteur officiel, la moindre réserve ou interrogation sur l'organisation des JO constitue un crime de lèse-majesté. « Mensonges et *fake news* ! », sont conspués ceux qui s'y risquent. Le gouvernement dément à grand renfort de communication et diffuse le 3 janvier 2024 son « BINGO des idées reçues sur les Jeux olympiques et paralympiques de 2024 ». On y apprend notamment que les JO « n'auront aucun impact sur la vie de l'immense majorité des Franciliens et des visiteurs » et qu'« il n'y aura pas plus de touristes à Paris à l'été 2024 que dans un été normal ».

Et tant pis si Marc Guillaume, préfet de région Île-de-France, s'inquiète d'une possible saturation à 100 % des RER l'été prochain, durant les JO[1]. Tant pis si Valérie Pécresse, présidente de la Région Île-de-France, encourage les Franciliens à travailler depuis la maison. Aucun impact donc… Sans rougir, le gouvernement dément le transfert des SDF de la capitale vers la province pour cause de JO à Paris : « Cela n'a aucun rapport avec l'accueil des Jeux à Paris : c'est une politique de long terme, concertée entre l'État, les collectivités locales et les associations pour améliorer l'accompagnement de ces personnes », lit-on dans le « BINGO des idées reçues ». Et tant pis si une note interne de la Direction régionale et interdépartementale de l'hébergement et du logement de Seine-Saint-Denis vient quelque peu nuancer ce discours : « Il ne s'agit clairement pas de profiter de la dynamique des Jeux pour lutter contre le sans-abrisme, mais de cacher temporairement ceux qui seraient visibles aux abords des sites[2]. » Ce que Balakrishnan Rajagopal, rapporteur spécial des Nations unies sur le droit au logement, résume ainsi : « Les expulsions pour embellir Paris avant les Jeux sont similaires à ce que la Chine,

1. « JO 2024 : Les Franciliens seront-ils "confinés" pour soulager les transports dans la capitale ? », *Cnews.fr*, 7 décembre 2023.

2. « Évacuation des SDF : la note qui confirme la stratégie des autorités avant les JO 2024 », *L'Équipe*, 28 avril 2024.

l'Inde ou beaucoup d'autres ont fait avant d'autres méga-événements. »

Qu'importe. Les Jeux de Paris 2024 doivent être pour la France et les Français une formidable réussite. Force est de constater que jusqu'à présent, tels des alchimistes à rebours, les instigateurs du dossier olympique ont réussi le formidable exploit de transformer l'or des JO en plomb.

Mais après tout, Emmanuel Macron avait harangué sa majorité parlementaire en 2017 au son de « Soyez fiers d'être des amateurs »… Et si le message semble avoir été entendu, rappelons que les premiers athlètes des JO de l'ère moderne étaient, en effet, des amateurs et qu'à ces derniers, Pierre de Coubertin aimait rappeler ce fameux message : « L'important, c'est de participer. » Reçu 5/5.

Chapitre 12

Paris 2012 : le Waterloo olympique

On ne comprend pas la crispation autour des Jeux 2024, la frénésie obstinée qui a généré une situation dangereusement absurde, sans revenir sur le moment où, quelques années plus tôt, Paris a candidaté pour les JO de 2012. Et perdu. Monté tel un soufflé, ce rêve fut crevé par les Anglais. Londres 2012 a donné aux Français une leçon de réalisme froid que Paris 2024 a retenue : soigner les apparences en public pour avoir les mains libres en coulisses et, surtout, virer les politiques du poste de commande…

Nous sommes le 6 juillet 2005, dans une grande salle de l'hôtel Raffles, un palace de Singapour, au cœur du quartier financier et de ses tours de verre. Ce n'est pas un hasard si le CIO a choisi ce lieu de réunion : depuis vingt ans, l'argent coule à flots. Avec son statut d'ONG suisse à but non lucratif, le Comité brasse près de 4 milliards de dollars par olympiade[1].

1. Une période de quatre ans.

Seuls le football et la FIFA le concurrencent alors. Pour bien mesurer l'importance des Jeux et du CIO, il faut avoir en tête que 90 % de cette corne d'abondance sont redistribués au sport mondial selon le CIO. L'argent que génère le CIO est donc vital à de nombreuses fédérations de sports olympiques. Pour elles, la réussite des Jeux est donc prépondérante, tout comme le choix de la bonne ville organisatrice.

Justement, dans une minute, le président du CIO, Jacques Rogge, annoncera le nom de la cité hôte pour les Jeux de 2012. Et offrira sept ans au vainqueur pour réaliser ses promesses. La France retient son souffle, emplie d'un fol espoir. Jamais une candidature n'a suscité pareil engouement dans le pays. Selon un sondage, 85 % des Français soutiennent le projet[1]. Au sein du comité de candidature, Paris a déjà gagné. D'ailleurs, la ville est donnée largement favorite par les observateurs du monde olympique. Sensibles à cette brise, de nombreux acteurs tricolores, ainsi que les politiques, les industriels et les champions pensent déjà au coup d'après. Un poste dans le futur comité d'organisation, des marchés juteux, un destin national…

La France sera donc victorieuse, personne n'en doute. Au matin du 6 juillet, il reste pourtant cinq villes candidates, avec un trio de tête : Paris, Londres et Madrid. Le matin du scrutin, sur le chemin

1. « Le gouvernement affiche son soutien à la candidature de Paris pour les JO 2012 », *Le Monde*, 11 mars 2005.

de l'hôtel Raffles de Singapour, le maire de Paris Bertrand Delanoë croise Claude Bébéar, président du groupe d'assurances AXA, considéré comme le boss du CAC 40 à l'époque. Bébéar a pesé de tout son poids économique, avec Arnaud Lagardère, dans le montage du comité de candidature de Paris 2012. Le maire de Paris lui confie : « Mon cher Claude, merci pour tout ce que tu as fait et, si tout se passe bien, comme je l'espère, cet après-midi, nous avons de grandes choses à faire ensemble à l'avenir. »

Les dés sont jetés, le résultat semble acquis. Cet échange que nous filmons, prévu pour être diffusé à l'issue d'un jour de gloire nationale, porte également un message politique : l'alliance des forces de progrès avec les forces économiques. Un atout indispensable dans le jeu d'un prétendant de la gauche à la fonction présidentielle. Il avait dévoilé ses ambitions, en petit comité, lors d'un Bureau national du Parti socialiste. Bertrand Delanoë est persuadé de pouvoir offrir au pays un cadeau que Jacques Chirac, alors président de la République, n'a pas réussi à emballer.

Ce 6 juillet 2005 au matin, donc, devant l'hôtel Raffles, on dépose les délégations par wagons et par classes. Les opérationnels, puis les directeurs, enfin le haut-commandement politique. Or, à l'arrivée de la troupe londonienne, un frisson emplit la salle de congrès. Quatre-vingts enfants aux couleurs de peau variées, portant l'uniforme sable, bleu et violine de Londres 2012 suivent la courte escouade d'adultes chargée de défendre le projet. Coup de com'pour les Anglais, coup de vieux pour les Français.

Comme dans *Astérix*, une bataille de chefs a fait rage chez les Gaulois. Jusque tard dans la nuit, on a négocié pour faire le tri, entre tel élu, tel président, unetelle, untel, « qui ne peut pas ne pas... », « qui doit absolument... », « mais enfin, c'est impensable qu'il ne soit pas sur la photo ! ». Les Anglais, eux, démontrent qu'ils savent oublier grades et protocoles. Ils parlent parfaitement la langue olympique. Jeunesse et fierté du brassage culturel, unies sous un même drapeau : magnifique opération marketing.

Le plus dérangeant ? L'impression que les Britanniques ont su lire et deviner ce que Paris préparait. Ils disposent alors d'un espion bien placé dans la candidature française... Les JO passent aux yeux du grand public pour un événement sportif. Pour les États en course, les enjeux financiers, d'image et diplomatiques sont énormes. On y retrouve donc les mêmes méthodes et les mêmes moyens que dans des grandes négociations internationales, ou les méga marchés de BTP ou d'armements. Une taupe anglaise a eu accès à toutes les informations et réunions stratégiques du camp français.

On imagine que les précieux renseignements glanés ont été livrés à un 007 olympique, peut-être autour d'un plat de ces mezzes libanais dont notre homme est friand. Ou en trinquant tardivement avec la délégation anglaise au bar de l'hôtel Lausanne Palace où il fut surpris, un soir de 2005. Une anecdote qui nous a été confirmée par deux anciens hauts responsables de la candidature française. Sa carrière de dirigeant sportif international va en tout cas, par la suite, connaître une belle trajectoire, grâce à l'influence anglo-saxonne. Beaucoup d'enfants, mais aucun enfant de chœur, dans la délégation londonienne ce matin-là. En Olympie, il est formellement interdit… de se faire prendre. De ce pragmatisme anglo-saxon, Paris 2024 retiendra la leçon lors de sa campagne.

Paris passe en premier, à neuf heures juste avant Londres, bénéficiant encore de la fraîcheur d'esprit de l'assistance. Cela ne suffira pas : le film de Luc Besson déplaît aux membres du CIO. Il étale un Paris éternel, peuplé de Piaf, Deneuve, Johnny Hallyday, et du patrimoine mondial que chacun connaît… Un Paris jugé vieillot, compassé, dépassé. Aucune surprise. Cinquante interminables minutes. Pourtant, Bertrand Delanoë avait été alerté. Jean-François Lamour, double champion olympique 1988 et 1992 d'escrime, alors ministre des Sports, et Armand de Rendinger, chargé des relations internationales pour Paris 2012, avaient fait part de leurs vives réserves sur ce film. Sans succès et trop tard. Le visionnage avait eu lieu seulement trois semaines avant la diffusion.

En comparaison, la présentation de Londres détonne : jeunesse, espoir, ville-monde, universalité, comme la promesse que les Jeux aideront à franchir une étape dans ce siècle encore jeune. C'est le fameux coup de baguette magique. Le destin d'une cité, d'un pays changé par les Jeux. Dans la liturgie olympique, on remet son avenir entre les mains d'une centaine de personnes. Pour les votants, c'est grisant. Le soufflé parisien s'affale.

Pour le mesurer, il faut se rendre derrière un cordon sanitaire, celui installé à la sortie des toilettes olympiques. Une barrière de flanelle rouge, pour éviter que les membres votants du CIO soient importunés dans leur intimité. Campé à la sortie, Armand de Rendinger fronce les sourcils. Voilà quatre mois que le patron des relations internationales sonne l'alerte, sentant que les Anglais reviennent dans la course. Les poignées de mains, les mots chaleureux des membres du CIO – « Vous gardez toutes vos chances. Londres aussi a fait une très bonne présentation. Comme Paris d'ailleurs » – l'inquiètent plutôt qu'ils ne le rassurent. Ce sondage « sorti des urinoirs » donne un match nul entre Paris et Londres, mais, en réalité, il sonne comme une défaite pour cet expert, formé sur les Jeux d'Albertville en 1992, aux côtés du triple champion olympique de 1968, Jean-Claude Killy, qui les présidait. C'est l'acte final d'un revirement impulsé bien avant et qui conduit Paris, pourtant ultra favorite, à se faire coiffer au poteau.

Dès mars 2005, Armand de Rendinger avait exposé en Conseil d'administration restreint les prévisions de vote : un socle de 28 voix pour la France. De quoi théoriquement passer les premiers tours de scrutin sans trembler. La conséquence fut paradoxale : un formidable coup d'aérofrein à la campagne ordonné par Bertrand Delanoë ! Le mot d'ordre : ne pas humilier les autres candidatures par un score fleuve. C'était méconnaître le grand chausse-trape des Jeux et les membres du CIO aux promesses volatiles. Armand de Rendinger aurait-il dû mentir et donner un pronostic plus serré ?

De fait, en mars 2005, quatre mois avant la séquence de l'hôtel Raffles à Singapour, la campagne de terrain de Paris 2012 s'arrête net. Par l'effet des vases communicants, celle de Londres décolle… Les Français disparaissent des réunions internationales et des assemblées générales. Des candidats qui se sentaient distancés reprennent espoir. Londres, bien sûr, mais également Madrid. Ce trou d'air dans la campagne se paiera cher au moment des comptes. Paris découvrira qu'un « ami » italien a tourné casaque ou qu'une votante égyptienne s'excusera en pleurs d'avoir dû voter Londres sous la contrainte de son voisin.

Dans les dernières semaines de campagne, ceux qui flairent la menace ne sont pas entendus. Plusieurs francophiles alertent, comme René Fasel, président de la Fédération internationale de hockey sur glace : « Faites gaffe, les Anglais sont partout, dans tous les congrès, les réunions. Ils ne cessent de nous inviter à dîner et vous, on ne vous voit plus. » Ce retrait passe pour la légendaire arrogance française, puis pour du dédain. Les Anglais, eux, labourent le terrain.

Et puis il y a l'effet Blair. Tony Blair, Premier ministre britannique à l'époque, passe deux jours à Singapour, du 3 au 5 juillet 2005, la veille du vote final. Presque invisible, reclus dans sa suite, il reçoit en tête à tête une quarantaine de votants, soit près de la moitié du collège électoral. C'est théoriquement interdit par l'éthique du CIO, mais son président, Jacques Rogge, ne trouve pas le courage de faire appliquer son propre règlement. Paris laisse filer, ne se sentant pas la carrure pour prendre de front un dirigeant d'envergure mondiale et assumer un scandale. C'était le pari de Londres. Il est gagnant.

Tony Blair prouve au CIO combien les Jeux sont une priorité nationale et personnelle. Ce procédé alimente le stress des autres pays candidats, qui entendront tous parler de ces entretiens. Surtout, il permet d'approcher les membres tangents.

On a beaucoup fantasmé sur les transactions qui auraient eu lieu dans la suite de Tony Blair. La plupart du temps, les membres indécis sont sensibles à une proposition favorable à leur sport national, à leur fédération. Elles vont de l'invitation à des stages pour des sportifs étrangers à des aménagements d'infrastructures dans tel pays. Plus rarement à une inscription dans une prestigieuse université pour un membre de leur famille. L'époque des valises est révolue. Trop dangereux, depuis qu'un membre bulgare du CIO s'est fait filmer par une équipe de journalistes anglais en 2004. Il affirmait pouvoir acheter plusieurs votants olympiques[1]. Il n'est plus question de liquide, mais éventuellement de rétro-commissions à l'occasion de marchés locaux ou de potentiels virements effectués par des tiers, sur des comptes offshores et sécurisés. On utiliserait alors les mêmes réseaux financiers opaques que pour les marchés d'armements.

Bertrand Delanoë, lui, refusera toujours ces pratiques, même quand il sera informé du resserrement dans les estimations de vote. Huit voix étant alors sur le marché, il mettra son veto à engager une quelconque négociation. Voilà, entre autres, pourquoi les JO sont toujours une affaire d'État. De l'intox, de la diplomatie d'alcôve, du renseignement extérieur... Onze ans plus tard, Paris aura retenu la leçon, perdu son innocence et sera prête à affronter les éventuels coups tordus.

L'après-midi du 6 juillet à Singapour, soit le matin chez nous, de la place de l'Hôtel de Ville à Paris, jusqu'aux pieds des tours de La Rochelle, toute la France s'apprête à ouvrir le champagne. Mais le vote est un long massacre à la tronçonneuse. Au premier tour, surprise, Paris l'emporte de justesse sur Madrid d'une voix seulement. 21 contre 20. Le matelas de 28 suffrages acquis a disparu. Car une autre force

1. BBC Panorama, août 2004.

plus discrète que le lobby anglais s'est discrètement déployée : celle des Madrilènes. Elle est orchestrée par un homme, Juan Antonio Samaranch, ex-président du CIO pendant 20 ans, ex-ministre de Franco, ex-ambassadeur d'Espagne à Moscou.

Son influence dans le monde olympique est immense et discrète. Elle va des réseaux religieux de l'Opus Dei dont il est membre, aux pays du bloc de l'Est. Il a grignoté le matelas de voix françaises. Personne ne l'a vu venir, nul ne sait comment les votes madrilènes vont se répartir. Il n'éprouve aucune sympathie pour les Français, qui l'ont depuis longtemps baptisé « Ça m'arrange ». Paris passe d'un poil en finale contre Londres, mais l'assurance a disparu dans le camp français.

En fin d'après-midi, quand Jacques Rogge monte sur l'estrade, les cœurs les mieux accrochés vacillent. Ceux qui ont assisté à la scène se souviennent encore du bruit de l'enveloppe qu'on décachette, en écho dans les haut-parleurs. Tous les objectifs sont braqués sur le premier rang de la délégation parisienne. Celle qui doit gagner. Et le président du CIO lâche : « *to the city of… London !* » La surprise est énorme. Le « Argh ! » d'horreur français devance d'un instant le « Yeah ! » incrédule anglais.

Très classe, le maire de Paris, Bertrand Delanoë, félicite chaleureusement Sir Sebastian Coe, double champion olympique du 1 500 mètres en 1980 et 1984, qui incarne la candidature d'outre-Manche.

Joie contenue à l'avant-garde, rugissements de plaisir dans les rangs. Pour eux, c'est encore meilleur face aux Français et, pour nous, c'est encore pire face aux Anglois ! Dans l'histoire de nos grandes défaites nationales, Singapour prend place entre Azincourt et Waterloo, avec heureusement moins de morts. Malgré toutes ces erreurs, Paris rate la marche pour seulement quatre bulletins : 54 à 50 !

Dans les heures qui suivent, l'armée vaincue ne tarde pas à régurgiter sa rancœur. « Ils ont triché ! Ils ont acheté des voix ! Ce Blair ! Et ce CIO qui nous avait promis un match équitable ! C'est fini on n'y reviendra plus ! » Beaucoup d'acrimonie, très peu d'autocritique, et une vérité. Oui, le maire de Paris a refusé qu'on paie pour verrouiller quelques voix – et c'est tout à son honneur –, mais non, ce n'était pas nécessaire si Paris avait fait campagne à fond.

La polémique s'éteint vite. Le lendemain, 7 juillet 2005, dès 8 h 50, Londres est frappée par une vague sans précédent d'attentats qui font cinquante-deux morts et sept cent quatre-vingt-quatre blessés. Le monde en deuil, dont Paris évidemment, apporte son soutien à la capitale britannique et à son maire, le jeune Boris Johnson.

Après coup, on retiendra que la défaite française fut d'abord celle des politiques « pour avoir, entre autres, omis d'associer au premier plan de sa candidature ses sportifs (...) Les David Douillet, Tony

Parker, Marie-Claire Restoux, Fabien Galthié, Marie-Jo Pérec et autres Laura Flessel ont fait le voyage pour rien, n'ayant pas eu le droit de l'ouvrir[1] ». Une idée se dessine, qui changera les règles pour 2024 : les politiques ayant failli, les sportifs doivent prendre le commandement. Nos responsables politiques devront lâcher les rênes de la candidature de Paris 2024, puis de l'organisation, pour les confier aux athlètes et au mouvement sportif. Grave erreur.

La bataille perdue de Singapour offrait deux enseignements à la France. Tout d'abord, respecter à la lettre le code éthique est un handicap. Mais également, les sportifs sont là pour l'affichage et la communication, pas pour piloter ou organiser, parce qu'ils ne sont pas qualifiés pour cela. Sebastian Coe, muni d'une expérience en politique et en business, restera à la tête des Jeux de Londres 2012 ensuite, mais ne pilotera pas. L'organisation est une affaire de professionnels expérimentés agissant sous le contrôle de l'État, vu les sommes engagées. Vingt ans plus tard, nous avons obtenu les Jeux dans des conditions historiques exceptionnelles. La situation à quelques encablures de l'événement : des affaires judiciaires et beaucoup d'inquiétudes sur l'organisation. Lequel des deux enseignements de Singapour a été retenu pour 2024 ?

---

1. Dino Di Meo, « Paris en rase campagne olympique », *Libération*, 31 décembre 2005.

Chapitre 13

2024, la nouvelle bataille olympique

Sébastien Chesbeuf

Après le fiasco de Singapour, la France se remet difficilement. La « gueule de bois » va durer dix ans. Les politiques, échaudés par l'humiliation, décident alors de se tourner vers de grands dirigeants sportifs français influents à l'international. La conquête repart de plus belle. Cette fois, les JO, c'est pour Paris.

Le projet de candidater à nouveau vient du Comité national olympique et sportif français présidé par Denis Masséglia. Il prend forme le 5 décembre 2012, juste après les JO de Londres. Ce jour-là, la ministre des Sports, Valérie Fourneyron, nomme Bernard Lapasset à la tête d'une mission destinée à améliorer l'influence de la France au sein du CIO. Ancien patron du rugby mondial, à l'origine de l'organisation de la Coupe du monde de rugby en France en 2007, Bernard Lapasset incarne ce mélange de diplomate sportif et de visionnaire.

Il aura la responsabilité du CFSI ou Comité français du sport international – placé sous l'égide du Comité national olympique et sportif français (CNOSF). La mission de ce comité : promouvoir la candidature française à l'organisation des Jeux olympiques et paralympiques de 2024. Après la défaite de Singapour, les Français veulent réellement peser sur les décideurs des sports dans le monde. Il faut être davantage présent dans les fédérations internationales, organiser plus de championnats du monde en France pour insister sur nos capacités d'accueil. Et surtout, tenir à distance respectable les politiques jugés en grande partie responsables de la déroute de 2012. Contrairement au pragmatique Tony Blair, ils sont taxés d'être plus attirés par la lumière olympique que par un travail nécessaire de lobbying en coulisses.

Bernard Lapasset coordonne alors l'étude d'opportunité d'une candidature de Paris aux Jeux de 2024. Il s'adjoint les services de Michaël Aloïsio. Cet ancien directeur technique national (DTN) de la fédération française de taekwondo a été conseiller technique au cabinet de la ministre des Sports. Michaël Aloïsio devient, en février 2013, délégué exécutif du CFSI. Les choses se mettent en place, l'étude avance. Bernard Lapasset sait que seul, il n'arrivera à rien. Il a besoin de s'entourer, de monter un collectif, une équipe. Il s'assure des soutiens et de l'engagement des athlètes, champions olympiques français, et en premier lieu des membres français du CIO, dont Guy Drut, qui très tôt rejoint l'aventure.

Il sait également qu'il faut mettre du « sang neuf ». Au regard de son âge, il ne peut, ni ne veut incarner seul la candidature française. Il se met en quête d'une figure emblématique qui pourra porter ce dossier. Michaël Aloïsio, très vite, lui souffle le nom de Tony Estanguet. Tous deux ont été dans la même promotion, au début des années 2000, d'un mastère en marketing sportif et stratégies d'entreprise à l'ESSEC, formation payante dont raffolent les sportifs en quête de reconversion. Ils se connaissent bien. Tony Estanguet coche toutes les cases : triple champion olympique, belle gueule, sourire *ultrabright*, l'image du gendre idéal, qui sait parler… Une sorte de Seb Coe à la française… Banco ! La *Team* est en place.

Côté politique, l'affaire paraît moins évidente. La ministre Valérie Fourneyron semble tout acquise à la cause. Le Président Hollande, lui, ne s'est toujours pas prononcé sur cette possible nouvelle candidature. Si l'engagement du mouvement sportif est la condition « sine qua non » à toute candidature pour le Comité international olympique, le soutien des autorités politiques du pays est tout aussi essentiel. Ne serait-ce que pour garantir, auprès du CIO, tous risques financiers. C'est un impératif du contrat de ville hôte. Celui-là même qui justifiera l'augmentation de la garantie de l'État à 3 milliards d'euros votée à l'Assemblée nationale à l'aube d'une journée de novembre 2021. Le crash économique grec, la banqueroute, que les Grecs eux-mêmes attribuent pour partie aux JO de 2004, sont restés dans les mémoires.

Pour obtenir ce soutien, « les pro candidature » disposent d'une carte maîtresse à l'Élysée : Thierry Rey. Gloire olympique française, médaille d'or de judo aux Jeux de Moscou en 1980, il est désormais le conseiller sports de François Hollande. L'ancien champion porte la candidature de Paris au « Château ». La cause n'est pas évidente de prime abord pour le Président Hollande. Après moultes consultations sur l'opportunité et le contexte de cette candidature, le chef de l'État tranche. Le 6 novembre 2014, à l'occasion d'une interview télévisée le président de la République dit « oui aux Jeux ».

Mais, dans cette aventure olympique de Paris 2024, reste toutefois à convaincre et embarquer un personnage central au casting, la maire de Paris, Anne Hidalgo.

Dans un premier temps, elle ne veut pas en entendre parler. Elle se souvient de la défaite cuisante de 2012, elle était alors première adjointe à la Ville de Paris. Elle voit les traces, elle sait le temps qu'il a fallu à Bertrand Delanoë pour s'en remettre. Elle refuse donc de prendre ce risque. Au lendemain du « oui aux Jeux » du Président Hollande, Anne

Hidalgo donne une conférence de presse pour dire qu'elle « n'a encore rien décidé » – à bon entendeur…

Il faut attendre le 12 février 2015, et la présentation au mouvement sportif, à l'État et aux collectivités, du rapport de l'étude d'opportunité à l'Hôtel de Ville de Paris, pour qu'Anne Hidalgo apporte « officiellement » son soutien à la candidature. Elle a perçu que les conditions avaient changé. Que le nombre de villes désireuses d'accueillir les Jeux se réduisait à peau de chagrin. Peut-être a-t-elle eu écho que le CIO examinerait avec attention une nouvelle candidature parisienne ? Quoi qu'il en soit, en avril 2015, rien ni personne ne s'oppose à la création d'une association consacrée à la candidature de Paris 2024. Bernard Lapasset en prend la co-présidence avec Tony Estanguet.

Le 23 juin 2015, journée internationale de l'olympisme, la France officialise au monde entier sa candidature. Le 9 février 2016, le comité de candidature Paris 2024 dévoile son logo sur l'Arc de Triomphe. Le 17, le comité de candidature présente sa vision des Jeux, ainsi que le concept et les sites retenus dans la nouvelle enceinte de la Philharmonie. De l'avis général, au sortir de cette cérémonie, Tony Estanguet est à la hauteur de ce premier rendez-vous d'importance.

La suite est une longue, passionnante, mais éprouvante campagne de promotion à l'international, faite de nombreux déplacements, voyages, pour assister aux championnats du monde d'athlétisme, de judo, aux rencontres des comités olympiques européens ou asiatiques, aux Jeux olympiques et paralympiques de Rio... Toutes les occasions sont bonnes pour promouvoir le dossier français. Il faut séduire avant tout les membres du CIO, dont seules les voix, plus d'une centaine, comptent afin d'obtenir le sésame olympique. L'atout maître de cette campagne internationale ? Le binôme Estanguet/Hidalgo, équilibre fragile mais payant entre mouvement sportif et pouvoir politique. Les leçons de la campagne malheureuse des Jeux de 2012 ont porté leurs fruits. À l'instar de Londres, il faut un grand champion comme Sebastian Coe pour représenter le monde sportif, appuyé par un politique à sa juste place.

24 juillet 2016. Jour d'arrivée du tour de France sur les Champs-Élysées. Guy Drut retrouve Anne Hidalgo et Pierre Rabadan, alors conseiller sport de la maire de Paris, dans une salle du pavillon Lenôtre ouvert spécialement, où sont entreposées tables et chaises. Souriante et détendue, Anne Hidalgo semble heureuse de ce temps d'échanges improvisé avec Guy Drut, l'un des membres français du CIO. S'ils ne partagent pas les mêmes convictions politiques, ils se respectent, voire s'apprécient. La maire de Paris n'a pas oublié qu'en novembre 2014, lorsqu'elle s'était montrée réservée sur la candidature parisienne aux Jeux, elle avait trouvé un allié

de poids en la personne de Guy Drut. Champion olympique, membre du Comité international olympique, il avait alors publiquement estimé que les réserves exprimées par la maire étaient « tout à fait normales ». Sensible à ce soutien, elle lui accorde donc une attention particulière.

« Guy, le monde du CIO est un monde que je ne connais pas. Je n'en connais ni les codes ni les coutumes. J'ai besoin que tu m'expliques et que tu m'aides. »

Anne Hidalgo a intégré qu'en 2005, lors de la campagne de Paris pour les JO de 2012, « le politique » avait été trop présent. Elle en a tiré les enseignements et a compris très vite où était sa place et comment manœuvrer sans nuire à la candidature. Elle a toujours écouté les conseils de Guy, son *spin doctor* olympique. Sans en avoir la confirmation, il s'est même dit qu'elle avait une ligne directe avec Jean-Claude Killy.

À l'été 2017, le tableau est idyllique. Le duo Estanguet/Hidalgo assure un affichage parfait. Une harmonie à la hauteur de l'enjeu. Ils font tous les déplacements ensemble, et même du canoë sur la Seine lors des journées olympiques. On les associe à chaque occasion et tout le monde semble y trouver son compte. Résultat, en juillet 2017, lorsque la délégation Paris 2024 est à Lausanne, Thomas Bach, le président du CIO, glisse à Guy Drut : « Vous avez compris, votre unité n'est pas de façade. »

Mais en face arrive le mastodonte américain : Los Angeles, également candidat pour les Jeux de 2024…

Thierry Vildary

Le 14 mai 2017, le *Los Angeles Times* titre : « *I say the competition is like a tank against a Renault.* » Traduction : « Pour moi, cette compétition, c'est un tank contre une Renault. » Prononcée, en Californie, par l'auteur de ces lignes. Le lendemain, de retour à Paris, un responsable de presse de la candidature de Paris 2024 vient me voir discrètement.

« Thierry, c'est toi qui as dit ça ?

– Oui, pourquoi ? Il y a un problème ?

– Mais tu ne te rends pas compte, ça tourne en boucle sur tous les médias et réseaux sociaux américains. C'est même repris dans *Le Parisien*. Cette comparaison est gênante, surtout venant d'un journaliste français. Ça donne l'impression qu'on est des minus à côté de Los Angeles. Fais attention à ce que tu dis. Tout a un impact dans cette phase actuelle. En plus venant d'un journaliste français, on s'attend à ce que vous soyez derrière la candidature.

– Je ne trouve pas que se comparer à une Renault, plus petite et plus agile qu'un tank, soit une insulte.

– Mais on n'est pas plus petit ! »

L'interprétation de cette petite phrase prononcée la veille à Los Angeles devant quelques journalistes qui questionnaient d'autres collègues témoigne de la fébrilité du camp parisien. Et même d'un certain complexe d'infériorité. Car la grenouille française se voit aussi grosse que l'ours californien (son emblème). Alors que la richesse produite par le seul État de Californie est comparable à celle de la France entière, plus de 2 000 milliards d'euros. Et l'agglomération de Los Angeles est de la taille de toute l'Île-de-France. Paris n'en serait qu'un quartier !

En ce printemps 2017, tout le monde est à cran. Le CIO a décidé de faire évaluer les installations et les projets pour les futurs Jeux dans les deux villes, la même semaine. Aux États-Unis, la puissance des Angelinos saute aux yeux. Et aux baskets. Par exemple, on dépose les journalistes à l'entrée du gigantesque campus de l'université de UCLA et on leur donne rendez-vous à l'autre bout, cinq kilomètres et une heure plus tard. Le futur village olympique ? Déjà construit, ce sont les milliers de chambres universitaires. Les installations d'entraînement (piscines, stades, pistes, gymnases à profusion) sous les fenêtres des athlètes ? Déjà prêtes.

Quittant West-Hollywood pour le centre, à vingt kilomètres, voici une autre prestigieuse université, USC. Elle est nantie d'un centre technologique sur plusieurs étages avec, en sous-sol, des écrans et des régies numériques. On s'attend à une démonstration de lancement de programme spatial… Pas du tout : ici sera géré le système de réalisation et d'envoi des images dans le monde entier, c'est le centre névralgique des Jeux. Déjà prêt, là encore !

Les visites se succèdent ainsi toute la journée. Ces stades et infrastructures modernes fonctionnent déjà au quotidien. Cerise sur les anneaux : la construction du stade le plus moderne du monde, qui accueillera en direct, connectée et immersive, une réplique virtuelle de la cérémonie d'ouverture des Jeux de Los Angeles ! 70 000 spectateurs supplémentaires pourront vivre l'événement comme s'ils y étaient. Le SoFi Stadium sera inauguré fin 2017. Seul élément manquant pour 2028, une piscine temporaire sur la plage de South Beach.

Au lieu de s'inquiéter, Paris rit sous cape : « Ils n'ont même pas de piscine olympique », glisse-t-on aux journalistes. Personne ne mesure que les Américains offrent des garanties en acier blindé. Sans peine, Los Angeles pourrait organiser et financer, sur fonds privés, deux éditions des Jeux olympiques en même temps !

Mais, dans le camp adverse, le déni persiste. Paris claironne que 95 % des installations nécessaires à l'organisation des Jeux existent déjà. C'est rassurant, mais on sait maintenant que la piscine olympique parisienne sera installée à l'Arena de Nanterre et…

disparaîtra ensuite. Démontée après les Jeux, elle doit être offerte, en plusieurs parties, à différentes villes de Seine-Saint-Denis. Paris, malgré toutes les promesses depuis vingt ans, n'aura toujours pas de centre nautique capable d'organiser des championnats du monde de natation après les Jeux.

Pourtant, la candidature Paris 2024 plastronne. À Doha, au Qatar, en marge d'une réunion internationale, un haut responsable parisien balance : « Nous, on a tout. LA, qu'est-ce qu'ils ont ? » Depuis, le tir olympique a été déménagé à Châteauroux, le basket et le hand pour moitié à Lille, la Seine sera peut-être « baignable » en juillet 2024. Et si d'aventure elle ne l'est pas ? Le président Estanguet improvise : c'est prévu, l'épreuve de triathlon deviendra un duathlon[1]. On est donc loin des 95 %. Ce mélange de provocation et d'arrogance, l'équipe de Paris 2024 y croit. Au point de persuader les décideurs politiques que ce sera l'outil pour gagner le bras de fer face aux Américains.

Au printemps 2017, une idée est soufflée au CIO : attribuer deux éditions des Jeux, 2024 et 2028, à Paris et Los Angeles. Abréger la compétition pour ne

1. « Le lieu, ce sera ici (Paris, N.D.L.A.). C'est prévu, dans les différentes options, si la natation n'est pas possible, qu'on passe en format duathlon. C'est une option envisageable », Tony Estanguet, RMC sport, 20 août 2023.

faire que des heureux. Un frisson parcourt l'échine du monde olympique.

Sur cinq villes candidates au départ, trois ont déclaré forfait, et pas des moindres. Dès 2015, un référendum local défavorable aux Jeux fait baisser pavillon à Hambourg. En 2016, c'est Rome qui se couche face à l'opposition de Virginia Raggi, la nouvelle maire de la ville surendettée. Même Budapest, qui présentait un projet « modeste », se retire devant la menace d'une fronde populaire. Ces oppositions des populations locales inquiètent Thomas Bach, président allemand du CIO et champion olympique d'escrime. Les Jeux étaient jusque-là courtisés, rêvés, ils sont désormais l'objet de méfiance. Les populations locales ont compris que les fastes et le gigantisme olympique ont un prix et que c'est toujours le contribuable qui paie. Sauf à Los Angeles, seule ville à avoir organisé des Jeux bénéficiaires, en 1984.

Après ces défections, maintenir la compétition entre Paris et LA créerait déception et aigreur. En somme, le CIO dit aux deux dernières candidates : « Nous vous proposons au choix 2024 ou 2028, négociez entre vous et dites-nous qui prend quoi. » C'est la fin des coups tordus, des renvois d'ascenseur et des rétrocommissions. On change d'époque. Les Américains le comprennent immédiatement et sont prêts à négocier. Y compris en termes financiers car le CIO n'est plus en position de force.

Côté français, de négociations, il n'y en aura pas, puisque le mot d'ordre de Paris est aussitôt : « Nous, c'est 2024 ou rien. » Un slogan de Tony Estanguet et Anne Hidalgo validé par Emmanuel Macron fraîchement élu. Les politiques font un calcul simple. S'ils obtiennent chacun un nouveau mandat – en 2020 pour elle ; en 2022 pour lui –, ils seront assurés d'être sur la photo de la cérémonie d'ouverture pour le retour des Jeux olympiques à Paris, cent ans après ceux de 1924. Peu de responsables résistent à ce genre de sucrerie. Surtout quand on a œuvré pour la gagner. Par ailleurs, à cette date, tout le monde pense que sept ans est un délai largement suffisant en France pour que tout soit fin prêt.

Durant la phase de campagne, à plusieurs reprises, j'ai posé une question simple aux dirigeants de Paris 2024 : « Pouvez-vous me lister les arguments qui vous font dire que 2028 n'est pas la bonne date pour Paris ? » Les deux mêmes réponses revenaient : d'abord, le symbole du centenaire des Jeux de 1924 ; ensuite, la réservation des terrains de construction du village olympique en Seine-Saint-Denis qui ne pouvait pas dépasser la date 2024.

Le premier argument est imparable, 24 n'arrive qu'une fois par siècle. Celui des terrains, en revanche, avait déjà servi le coup d'avant : « 2012, occasion unique pour les Jeux à Paris, car les terrains du village olympique, aux Batignolles (XVIIe arrondissement) ne pourront être bloqués plus longtemps. »

Quelques années plus tard, on a trouvé des terrains à Saint-Denis. 2024 est peut-être une bonne date, mais 2028 offrait onze ans pour réaliser le chantier pharaonique français.

« 95 % d'infrastructures existantes. » Le slogan parisien durant cette campagne de candidature claque, mais ne trompe personne. C'est une contre-vérité. Pour organiser des Jeux à Paris en 2024, dans une ville et une agglomération congestionnées, sous-dotées en équipements sportifs, il faut : construire un village olympique, un centre des médias, un centre nautique, une piscine olympique, une Arena à La Chapelle (XVIIIe arrondissement), un stand de tir (qui n'a finalement pas été construit), une base nautique à Marseille ; aménager des transports en commun accessibles aux personnes à mobilité réduite ; rénover des lignes de RER obsolètes et défaillantes, le stade Pierre de Coubertin, le stade Yves du Manoir ; couvrir Roland Garros. Sans oublier de dépolluer la Seine, transformer le Grand Palais en salle d'armes, le parc du Château de Versailles en stade hippique et l'espace du Trocadéro aux Invalides en site olympique puisqu'une partie des épreuves s'y dérouleront. C'est le mythe du parc olympique en ville. On ne construit rien en dur mais il faut quand même l'aménager, le payer et il n'en reste rien, sinon de beaux souvenirs, une fois l'événement terminé.

Réalise-t-on alors que le pays a devant lui un chantier colossal ? Qu'il dispose de seulement sept ans pour l'accomplir ? L'opinion publique se laisse bercer par le discours enchanteur de Tony Estanguet, avec des formules-bonbon, telles que « des Jeux grandioses », « casser les codes », « un nouveau modèle, plus économe, plus responsable, plus durable », « bilan carbone neutre », « faire bouger la société française ». Un écran de fumée pour faire oublier la réalité : sept ans. Et 6,2 milliards d'euros comme budget annoncé en 2017, c'est beaucoup trop juste. Les ouvrages sportifs seront livrés, pas les transports promis. Surtout pas la ligne de « RER Olympique » qui devait relier l'aéroport de Roissy et la Seine-Saint-Denis à Paris. Et la Covid-19 n'y est pour rien.

Le 11 juillet 2017, Emmanuel Macron bénéficie d'une visite privée du musée olympique à Lausanne, avec comme guide Thomas Bach, président du CIO. Durant la demi-heure en tête à tête, le Président français, passionné de sport, assure l'ancien escrimeur allemand du total engagement de la France derrière la candidature de Paris. Un peu comme Tony Blair en 2005, Emmanuel Macron engage à la fois sa personne et le pays. La parole donnée d'un président français vaut engagement financier. Le CIO est rassuré. Voici l'atout maître de Paris 2024. Donald Trump à l'époque n'a pas fait le déplacement et n'a jamais vraiment soutenu la candidature des « gauchistes » californiens.

Ainsi, ce 11 juillet 2017, le CIO valide le changement de ses règles internes avec cette double attribution. Mais à une condition : avant septembre, un accord doit être trouvé entre les deux villes. Le soir du 11 juillet, le camp américain m'informe qu'il attend des nouvelles de Paris pour entamer les négociations avec le CIO. Chacun doit s'accorder sur le choix de la date, mais aussi sur les compensations financières. Côté français, personne ne prendra contact. Paris ne souhaite entamer aucune tractation. Pour le comité de candidature parisien, le bras de fer continue. Tony Estanguet et Anne Hidalgo restent sur leur ligne : 2024 ou rien.

Los Angeles fait ses comptes et négocie avec le CIO d'énormes compensations d'environ 400 millions de dollars contre une candidature en 2028. Trois semaines plus tard, France Télévisions annonce, en primeur, à la mi-temps d'un match du championnat d'Europe féminin de football : « Dans les heures qui viennent, Eric Garcetti, le maire de Los Angeles, va annoncer que sa ville choisit 2028 pour organiser les Jeux olympiques. Paris obtient donc les JO 2024. » Dans la nuit, Los Angeles confirme officiellement son choix pour 2028. Le CIO entérine cette décision à Lima au Pérou, le 13 septembre 2017.

Paris revendiquera une victoire et non un accord. Los Angeles, elle, est sûre d'avoir réalisé une bonne affaire. Là-bas, la candidature est entièrement privée. Elle doit se financer, être rentable et même dégager des bénéfices, comme en 1984. Or, 400 millions de dollars de subventions représentent environ 20 % du budget de l'organisation des épreuves, une manne inespérée.

Los Angeles obtient également une dérogation passée presque inaperçue : le droit d'exploiter l'image des anneaux olympiques dès la fin des JO de Tokyo 2020. Sur huit ans au lieu de quatre habituellement. Ainsi, les Américains peuvent vendre des programmes de marketing à des sponsors, sur des durées et pour des montants beaucoup plus importants. Grâce à toutes ces compensations, L.A. 2028 en est donc aujourd'hui officiellement à plus de 2 milliards de dollars de recettes sponsoring, quatre ans avant les Jeux ! Deux fois plus que Paris 2024 qui n'obtient rien. Rien de plus que le contrat prévu : la subvention classique d'1 milliard de dollars. Eric Garcetti, maire de Los Angeles, dira cette phrase qui va faire le tour du monde : « Le deal était trop beau pour passer à côté[1]. »

Aujourd'hui, en 2024, Paris annonce boucler, dans les derniers mois, son programme sponsoring d'1,2 milliard d'euros, sur la base de chiffres invérifiables, avec beaucoup d'échanges de marchandises qui ne sont pas du cash. L'état actuel des finances

1. « JO 2024 : que contient l'accord entre Los Angeles et le CIO ? », *Les Échos*, 1er août 2017.

du COJOP, le comité d'organisation de Paris 2024, est un des secrets les mieux gardés de la République. Même la Cour des comptes a du mal à y voir clair. Dans son rapport d'étape en juin 2023, elle emploie les termes « d'incertitudes substantielles » concernant les partenariats, de « sous-évaluation évidente du budget de candidature » (en 2017), et invite fermement à « de nouvelles mesures d'économies ».

Six ans plus tard, personne n'a oublié l'attitude parisienne. Fin 2023, de passage à Paris, Casey Wasserman, le patron de Los Angeles 2028, en profite pour gratter ses amis de Paris 2024 là où ça fait mal : « On est en avance sur nos revenus comme jamais un comité d'organisation ne l'a été dans l'histoire des Jeux. Contrairement aux Français, on n'a pas de gouvernement qui paie. Nous tenons le budget annoncé de 6,9 milliards de dollars. On n'a rien à construire. Rien du tout. On peut accueillir les Jeux demain. Notre village olympique est le plus beau et il accueille aujourd'hui plus d'étudiants qu'il n'y aura d'athlètes (à l'Université de UCLA, N.D.L.A.). Et sur le campus de l'Université, les toilettes, le nettoyage, les connexions… Tout fonctionne parce qu'ils sont utilisés tous les jours[1]. »

Pendant ce temps à Paris : la garantie de l'État a presque triplé (de 1,2 à 3 milliards d'euros,

1. « Casey Wasserman sur les JO 2028 : “Nos Jeux seront à l'image de Los Angeles” », *L'Équipe*, 12 octobre 2023.

rappelons-le), une mobilisation jamais vue de fonctionnaires pour assurer la sécurité des Jeux est en cours, des injonctions d'économies sont données dans les derniers mois, pile au moment où arrivent tous les imprévus, et le gouvernement envisage même des compensations aux entreprises parisiennes pour perte d'exploitation durant les Jeux.

Paris 2024 a innové avec un slogan en anglais pour sa candidature : *Made for Sharing* « faits pour partager ». Ces Jeux sont effectivement faits pour être partagés. Et la plus grosse part du gâteau olympique, c'est bien le contribuable qui l'aura dans son assiette. Sur ce gâteau d'anniversaire du centenaire des Jeux à Paris, le chef pâtissier Tony Estanguet pourra même inscrire, en septembre 2024, à la fin du banquet : quoi qu'il en coûte.

Épilogue

Durant ces derniers mois, l'État français, dans un réveil tardif et devant l'ampleur de la tâche, a engagé une somme considérable de moyens et d'énergie pour la réussite du plus grand événement sportif mondial. Dans l'urgence, il tente de pallier les risques importants qui pèsent sur la sécurité ; à grand renfort de coûts additionnels faramineux, il essaye de compenser l'impréparation, ce qui s'apparente même parfois à de l'amateurisme.

Au motif que les Jeux olympiques et paralympiques seraient un projet d'intérêt supérieur de la Nation, doit-on taire la vérité ? Passer sous silence les dysfonctionnements du comité d'organisation lourds de conséquences, les dérives budgétaires, l'irresponsabilité des pouvoirs publics, un mouvement sportif français « à bout de souffle » au moment même où il devrait être à son apogée ?

L'organisation actuelle du sport français fait son âge : 64 ans. Comme si elle n'avait pas évolué depuis 1960, lorsque, après les piteux JO de Rome, le général de Gaulle avait créé l'Institut national du sport (INS) devenu l'INSEP.

En 2023, à la veille des Jeux à Paris, deux commissions s'y intéressent. La première présidée par l'ex-ministre des Sports Marie-George Buffet et le champion d'athlétisme Stéphane Diagana. La seconde menée par des parlementaires. Toutes deux aboutissent à la même conclusion : « Il règne dans le mouvement sportif un entre-soi, une culture qui fait qu'il a du mal à se saisir des exigences sociétales, sociales, éthiques de notre époque[1]. » Parmi les propositions pour en sortir, une emblématique : la création d'un « Comité d'éthique supra-fédéral ». Un gendarme pour pallier l'incapacité du sport français à se réguler par lui-même.

Les Jeux de Paris étaient pourtant une occasion formidable pour le mouvement sportif de s'offrir une nouvelle jeunesse, d'user de son poids de co-organisateur pour refonder, repenser sa gouvernance, ses règles en matière d'éthique, de lutte contre toutes les formes de dérives qui l'abîment.

Ces Jeux étaient aussi l'occasion de relancer la lutte antidopage, dépassée par les nouvelles molécules, les nouveaux protocoles, les trous dans la raquette de l'Agence mondiale antidopage (AMA). La récente

1. Entretien avec Marie-George Buffet, *L'Humanité*, 24 novembre 2023.

affaire des vingt-trois nageurs chinois contrôlés positifs et blanchis par leur propre agence nationale antidopage, en 2021, à six mois des Jeux de Tokyo, jette un nouveau trouble dans ce domaine. L'AMA n'a rien trouvé à redire, ce qui a permis de garder l'information confidentielle, jusqu'à ce qu'un lanceur d'alerte chinois envoie des documents aux journalistes allemands de la chaîne ARD. Chez nous ? Rien de ce côté, sinon le fatalisme et la méconnaissance totale de ce phénomène, de la part de toutes les instances chargées de gérer le sport français. Les Jeux à Paris étaient pourtant l'occasion de donner un sacré coup de main à nos athlètes et au sport mondial. Venant du pays qui a inventé l'antidopage, il y a vingt-cinq ans, après l'affaire Festina, cela aurait constitué un héritage solide et vertueux au mouvement olympique.

Au lieu de cela, le débat qui nous occupe se résume au nombre de bataillons de forces de l'ordre mobilisables pour sécuriser le défilé sur la Seine. Beaucoup de moyens, beaucoup d'argent, très loin du sport. Dans les stades, les salles, au ras des pelouses, beaucoup parmi les centaines de milliers de bénévoles qui font vivre le sport au quotidien craignent un réveil difficile quand les feux de la fête olympique seront éteints. Que restera-t-il de l'engouement quand les moyens « exceptionnels » déployés à l'occasion des Jeux auront disparu ?

Alors, malgré tous les éléments pointés dans cet ouvrage, faisons un vœu étrange. Espérons simplement que ce livre sera démenti par les faits. Même si les budgets explosent, qu'aucun couac de l'organisation ne perturbera la concentration et l'énergie de sportifs qui consacrent leur jeunesse à cet été 2024. Car ces Jeux olympiques sont d'abord les leurs. Pour elles, pour eux, et pour les Françaises et Français qui assumeront l'héritage des JO de Paris, il nous semblait important de raconter, de notre point de vue, les coulisses de cette histoire. La suite, c'est aux athlètes de l'écrire.

Contradictoire

Nous avons contacté le comité d'organisation de Paris 2024 pour obtenir son point de vue sur les questions essentielles et les problèmes les plus importants que nous soulevons dans cet ouvrage. Nous publions ici la liste des six thèmes de questions que nous avons fait parvenir au COJOP.

Un premier envoi de cinq thèmes a été effectué le 19 mars 2024. Un thème complémentaire a été envoyé le 20 mars 2024. Nous avons proposé dans un premier temps un délai de réponse jusqu'au 23 mars. Suite à un échange téléphonique, nous avons étendu ce délai à la semaine suivante.

Après plusieurs relances de notre part, un dernier contact téléphonique a eu lieu le 3 avril. Nous avons précisé qu'il était encore possible d'insérer des éléments de réponse. Depuis, nous n'avons pas eu de nouvelles.

Paris 2024 a donc choisi de ne pas donner suite à nos questions.

Par souci de transparence, nous les portons à votre connaissance, ici, en intégralité.

1. Selon Paris 2024, le cumul de fonctions de Tony Estanguet, en tant que fonctionnaire, détaché de la Jeunesse et des Sports et chef d'entreprise qui facture à Paris 2024 des prestations pour sa fonction de président est-il légal ?

2. Si oui, sur quels textes vous appuyez-vous ?

3. Avant d'annoncer l'organisation d'une cérémonie d'ouverture sur la Seine, Paris 2024 a-t-il fait des études de faisabilité sur :

– La sécurité
– La jauge du public
– Le coût de l'événement ?

Si oui, quelles en sont les conclusions ? Si oui, sur quoi se basait le chiffre annoncé de capacité d'accueil d'1 million, puis de 600 000 spectateurs ?

4. Pourquoi la salle de Basket Arena de la Porte de la Chapelle à Paris n'accueille-t-elle pas le tour préliminaire des tournois olympiques de basket ?

Les études de climatisation du stade Pierre Mauroy de Lille permettront-elles d'assurer que les matchs seront jouables quelles que soient les conditions climatiques ? Sinon, quelles sont les conditions qui pourraient amener à différer, reporter ou annuler des matchs ?

Pour les tournois de basket ?

Pour les tournois de handball ?

5. Y a-t-il eu un dossier de candidature déposé par Tahiti pour organiser la compétition de surf ?

Si oui, quelle a été sa notation par rapport aux autres candidats ?

Paris 2024 a-t-il communiqué les résultats de l'appel à candidatures à toutes les parties, notamment aux autres collectivités candidates ?

Si oui, quel a été le résultat du classement global ?

Paris 2024 a-t-il réalisé une étude d'impact environnemental sur l'organisation des épreuves de surf à Tahiti ? Sur l'impact concernant la barrière de corail de Teahupoo ? Si oui, quelles en étaient les conclusions ?

6. Quelle est la position de Paris 2024 et des personnes concernées s'agissant du déclenchement de quatre enquêtes préliminaires du Parquet national financier ? Est-ce que ces enquêtes ont conduit Paris 2024 à modifier ses procédures de contrôle, en particulier celles du comité d'éthique de Paris 2024 ? Si oui, quelles sont ces modifications ?

7. Comment Paris 2024 explique-t-il le changement de statut de Michaël Aloïsio entre la phase de

candidature où il était DGA et la phase COJOP où il était, jusqu'en juin 2023, directeur de cabinet du président ?

Ce changement a-t-il eu lieu à la demande du président Tony Estanguet ?

Remerciements

Merci à mes deux complices et amis, Thierry et Jean-François, pour cette belle aventure. Salvatrice. À travers cette quête de vérité partagée, ils m'ont redonné « l'envie d'avoir envie ».

Merci à Maïa, Marie-Emmanuelle, Sophie, Benoît, Jean-Philippe, Didier, Édouard et Guy pour ce qu'ils sont.

Merci à Clara Dupont-Monod pour son écoute et sa confiance, à Oksanna pour son œil aiguisé et à travers elles aux éditions JC Lattès.

Enfin, merci à mes parents pour leur amour, les valeurs qu'ils m'ont inculquées, qui me guident par vent mauvais et m'accompagnent au quotidien.

Une page se tourne.

Sébastien Chesbeuf

Merci à Sébastien et Thierry, frères d'âmes.

À mes consœurs et mes confrères. Quand le journalisme peut être sportif, loin des postures et des demandes de postes.

Jean-François Laville

Merci à Chloë Cormery et Jean-François Laville qui les premiers ont eu l'idée de ce livre et nous ont poussés à le faire.

Clara Dupont-Monod, qui a cru dans le projet. Elle est notre supportrice numéro 1 à l'intarissable enthousiasme, notre guide précieux et chaleureux.

Notre comité de lecture. Un carré d'as de spécialistes, corrigeant quelques imprécisions, reformant quelques souvenirs et dont certains préfèrent rester discrets : Me XX, Armand de Rendinger, Patrick Bayeux, FM leur soutien et leurs savoirs nous sont indispensables, qu'ils soient chaleureusement remerciés.

De nombreuses personnes, témoins, experts, acteurs des Jeux, nous ont apporté leur concours et bien sûr leurs informations privilégiées, souvent contraints à la discrétion ou au devoir de réserve, bien que, comme nous, supporters des JO, ils nous ont parlé car ils estiment que ces informations et ce système doivent être connus du grand public. Ils se reconnaîtront dans ces initiales (certaines sont inversées) :

LT, EH, FL, AB, JPP, FB, FD, Me BC et Me PHD, FM, DH, VS, JFR, TB, LD, AA, Robert, BR, LA, PR, GD, LD, BK.

Merci à elles et à eux pour leur aide précieuse et leur soutien enthousiaste.

Thierry Vildary

Table des matières

Cet ouvrage a été composé par Belle Page
pour le compte des Éditions J.-C. LATTÈS
17, rue Jacob – 75006 Paris

Imprimé en France par
CPI FIRMIN-DIDOT (27650 Mesnil-sur-l'Estrée)
en mai 2024

PAPIER À BASE DE FIBRES CERTIFIÉES

JC Lattès s'engage pour l'environnement en réduisant l'empreinte carbone de ses livres. Celle de cet exemplaire est de :
400 g éq. CO_2
Rendez-vous sur www.jclattes-durable.fr

N° d'édition : 01 – N° d'impression : 179827
Dépôt légal : juin 2024
Imprimé en France